郭沫若紀念館藏品圖録

郭沫若藏書

古籍卷

劉曦光 主編

中国社会科学出版社

圖書在版編目(CIP)數據

郭沫若藏書. 古籍卷 / 劉曦光主編. —北京：中國社會科學出版社，2022. 12

(郭沫若紀念館藏品圖録)

ISBN 978 - 7 - 5227 - 1056 - 3

Ⅰ. ①郭…　Ⅱ. ①劉…　Ⅲ. ①私人藏書—古籍—圖書目録—中國
Ⅳ. ①Z842. 7

中國版本圖書館 CIP 數據核字(2022)第 226560 號

出 版 人　趙劍英
責任編輯　耿曉明
責任校對　李　軍
責任印製　李寡寡

出　　版　中國社會科學出版社
社　　址　北京鼓樓西大街甲 158 號
郵　　編　100720
網　　址　http://www. csspw. cn
發 行 部　010 - 84083685
門 市 部　010 - 84029450
經　　銷　新華書店及其他書店

印刷裝訂　北京君昇印刷有限公司
版　　次　2022 年 12 月第 1 版
印　　次　2022 年 12 月第 1 次印刷

開　　本　710 × 1000　1/16
印　　張　13. 75
字　　數　121 千字
定　　價　138. 00 元

主　编：劉曦光

執行主編：梁雪松　趙欣悦　王　静

編輯說明

一　本書主要收入郭沫若收藏的清代及清代以前的古籍，分為兩編。

二　第一編收入郭沫若收藏的各種古籍，按照版本時間先後順序排列，不能確定版本時間的放於該編末尾。

三　第二編收入郭沫若收藏的成系列古籍，即《管子》《西廂記》《李太白文集》相關古籍。為保證系列的完整性，本編亦收入若干民國線裝書。所收古籍在系列内按照版本時間先後順序排列，不能確定版本時間的放於該系列末尾。

四　為區分同名古籍，第二編目錄中標明古籍版本。

目録

第一編

第二編

第一编

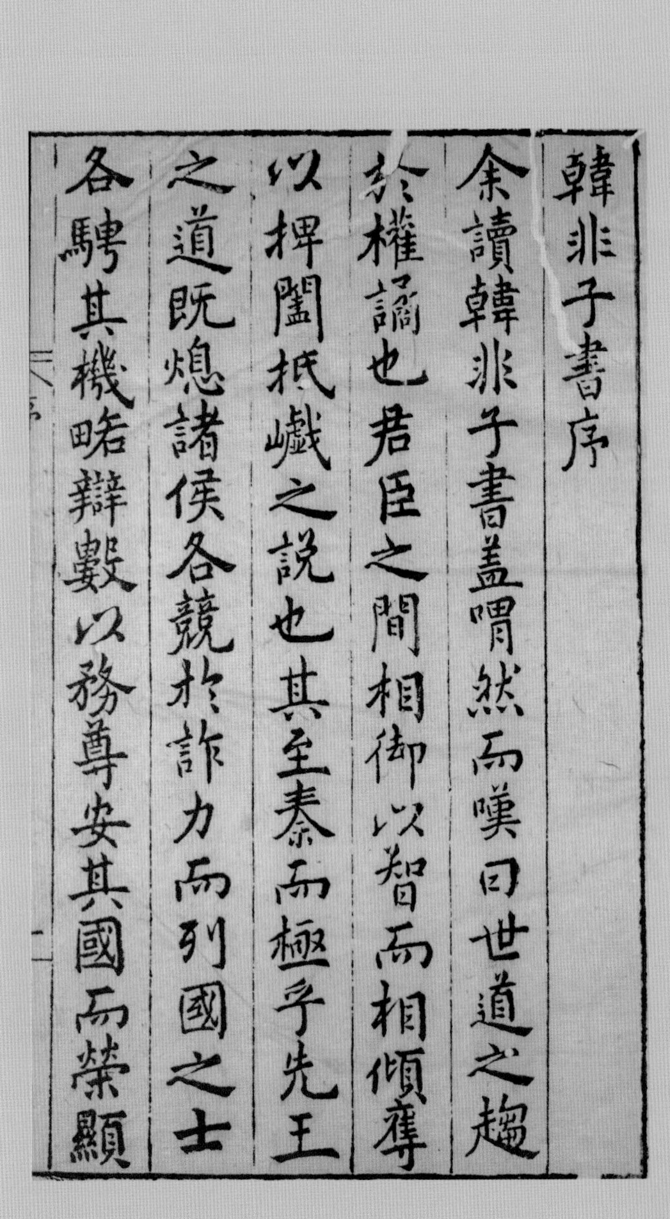

韓非子書序

余讀韓非子書蓋喟然而嘆曰世道之趨於權譎也君臣之間相御以智而相傾奪以捭闔抵巇之說也其至秦而極乎先王之道既熄諸侯各競於詐力而列國之士各騁其機略辯數以務尊安其國而榮顯

韓非子二十卷（戰國）韓非撰（明）趙用賢校勘
明萬曆十年（1582）趙用賢刻本

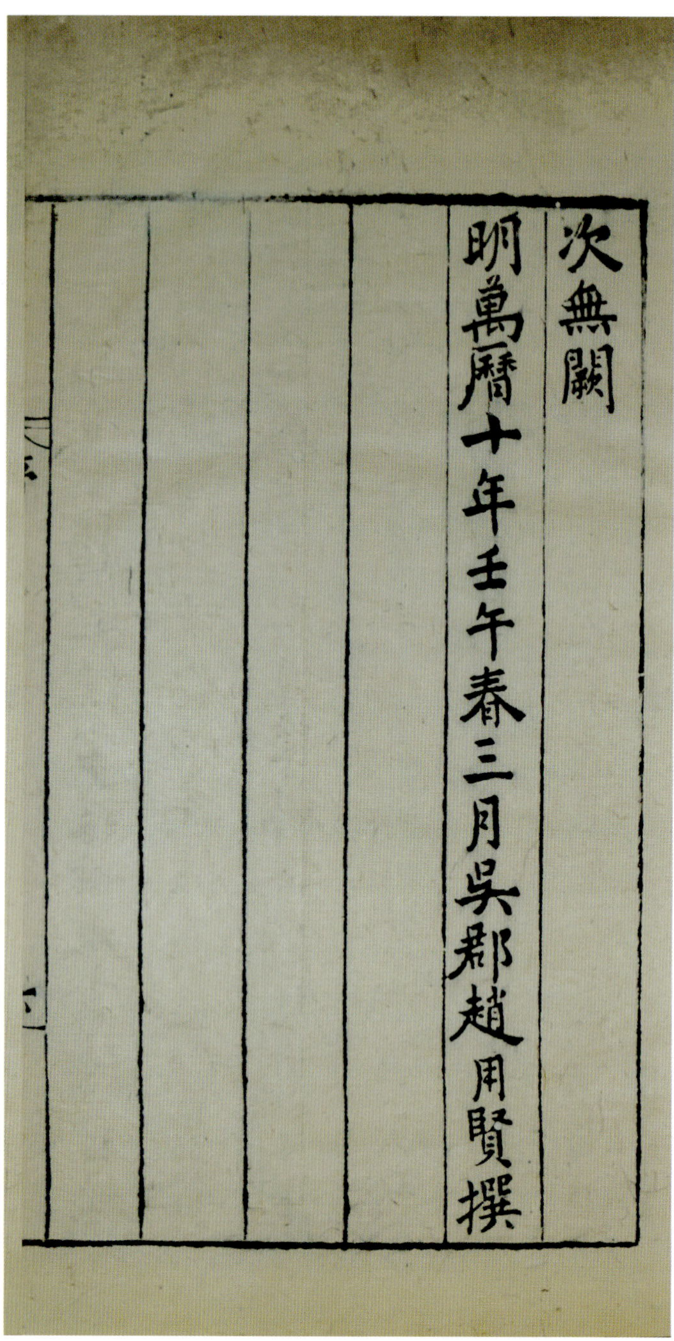
次無闕
明萬曆十年壬午春三月吳郡趙用賢撰

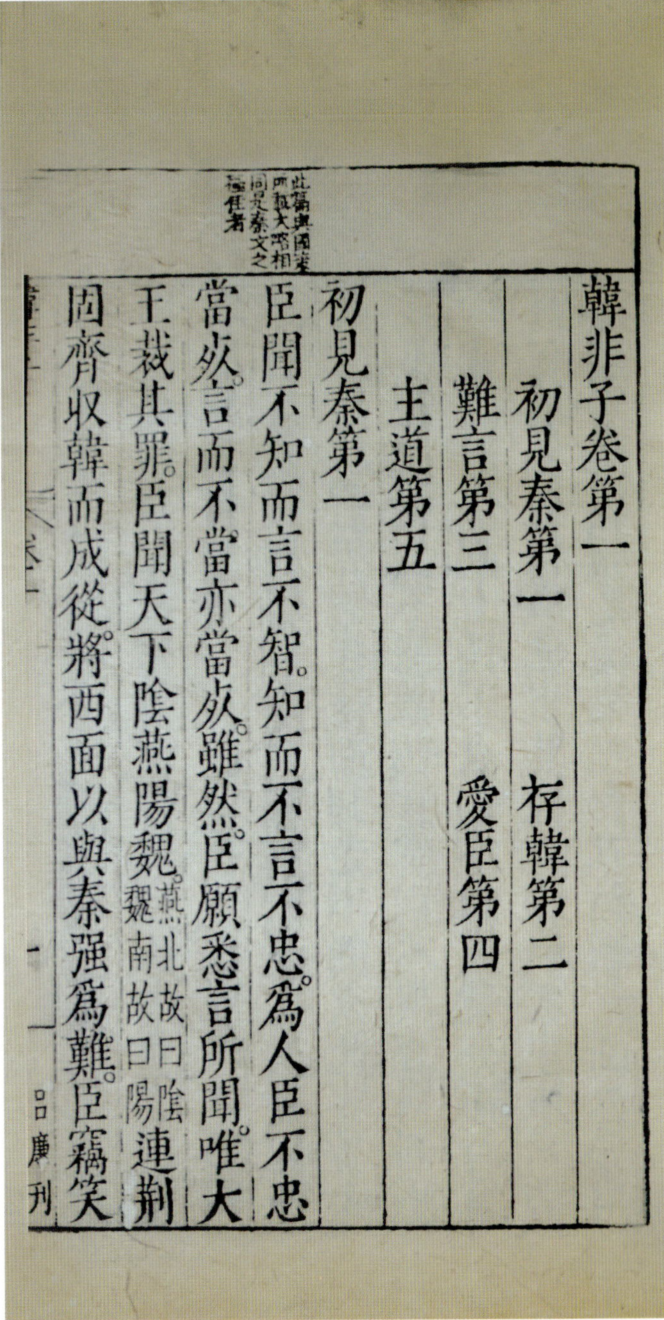

此篇與國策所載大略相同見秦文之極佳者

韓非子卷第一

初見秦第一　存韓第二

難言第三　愛臣第四

主道第五

初見秦第一

臣聞不知而言不智。知而不言不忠。爲人臣不忠當死。言而不當亦當死。雖然。臣願悉言所聞。唯大王裁其罪。臣聞天下陰燕陽魏。燕北故曰陰魏南故曰陽連荆固齊收韓而成從。將西面以與秦強爲難。臣竊笑

呂廣刊

者皆是也。夫斷死與斷生者不同，而民爲之者。是貴奮死也。夫一人奮死可以對十。十可以對百。百可以對千。千可以對萬。萬可以尅天下矣。今秦地折長補短。方數千里。名師數十百萬。秦之號令賞罰。地形利害。天下莫若也。以此與天下。天下不足兼而有也。是故秦戰未嘗不尅。攻未嘗不取。所當未嘗不破。開地數千里。此其大功也。然而兵甲頓。士民病。蓄積索。田疇荒。囷倉虛。四鄰諸侯不服。霸王之名不成。此無異故。其謀臣皆不盡其忠也。臣

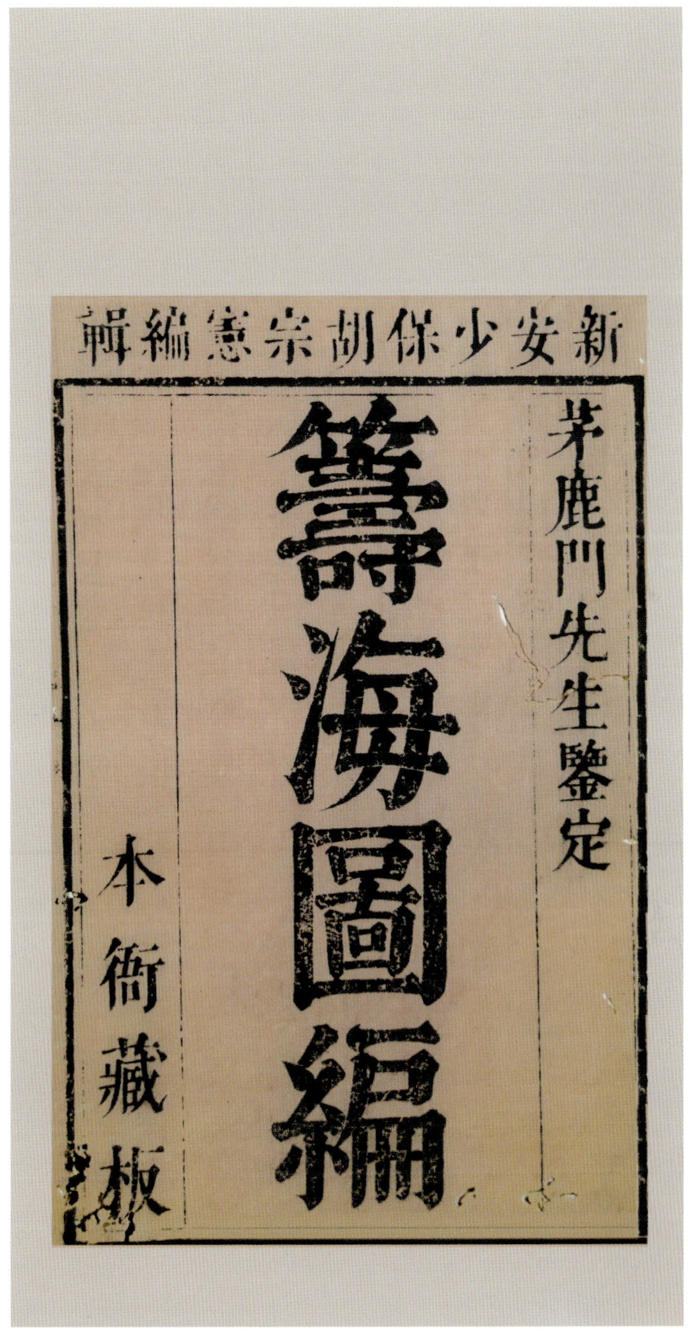

新安少保胡宗憲編輯

茅鹿門先生鑒定

籌海圖編

本衙藏板

籌海圖編十三卷（明）胡宗憲輯（明）胡維極重校
明天啓四年（1624）刻本

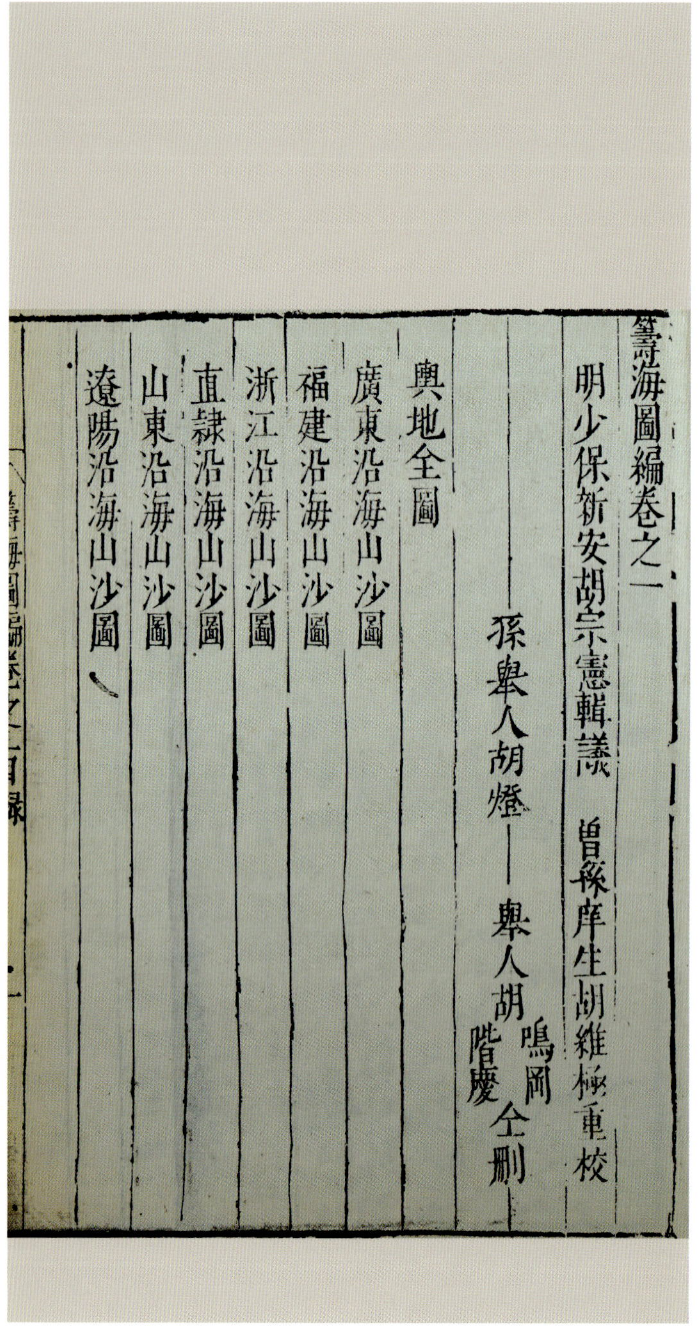

籌海圖編卷之一

明少保新安胡宗憲輯議　曾孫庠生胡維極重校

孫舉人胡燈　舉人胡鳴岡　階慶　仝刪

輿地全圖

廣東沿海山沙圖

福建沿海山沙圖

浙江沿海山沙圖

直隸沿海山沙圖

山東沿海山沙圖

遼陽沿海山沙圖

籌海圖編卷之一目録　一

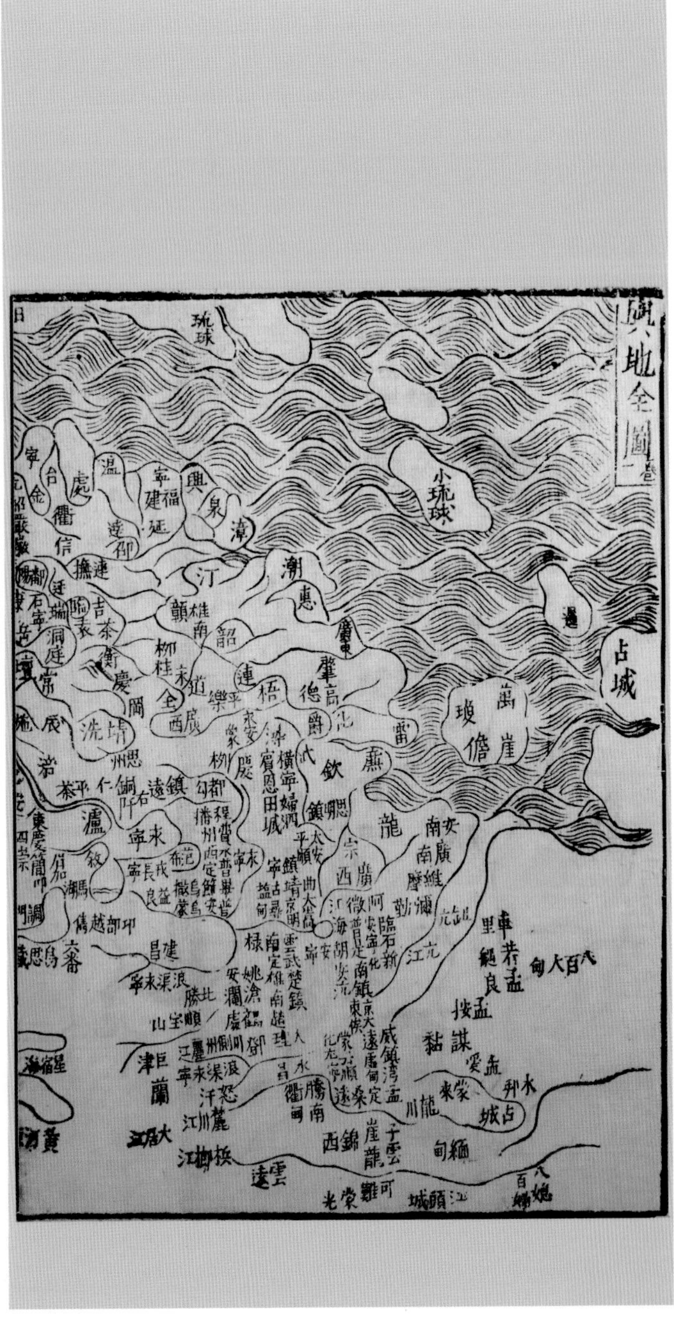
輿地全圖
琉球
小琉球
占城

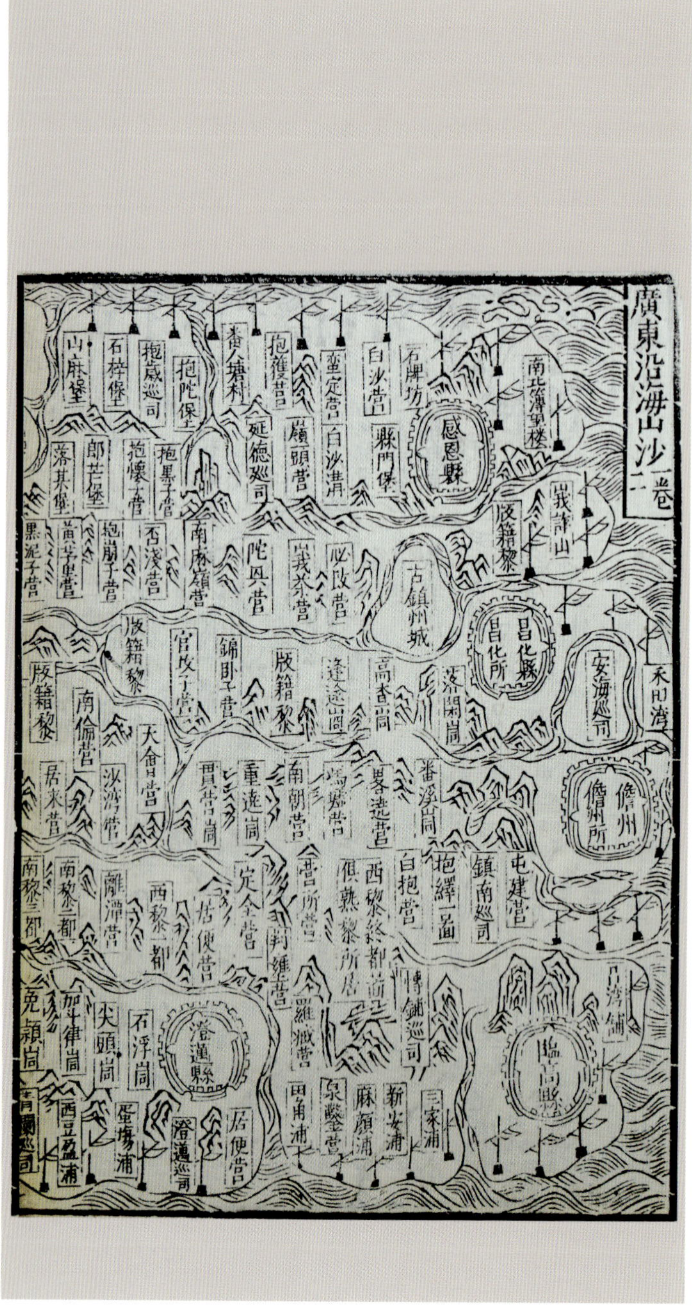
廣東沿海山沙二卷
感恩縣
石牌坊
白沙營
縣門堡
古鎮州城
昌化縣
昌化所
安海巡司
儋州
儋州所
臨高縣
澄邁縣
澄邁巡司
居便營
鎮南巡司
屯建營
新安浦
三家浦
石浮嶺
尖頭嶺
南偏營
大舍營
定全營
白抱營
番溪嶺
版籍黎
延德巡司
陀興營
錦卧子營
高查嶺
南麻嶺營
山麻堡
石梓堡
抱陀堡
郎芒堡

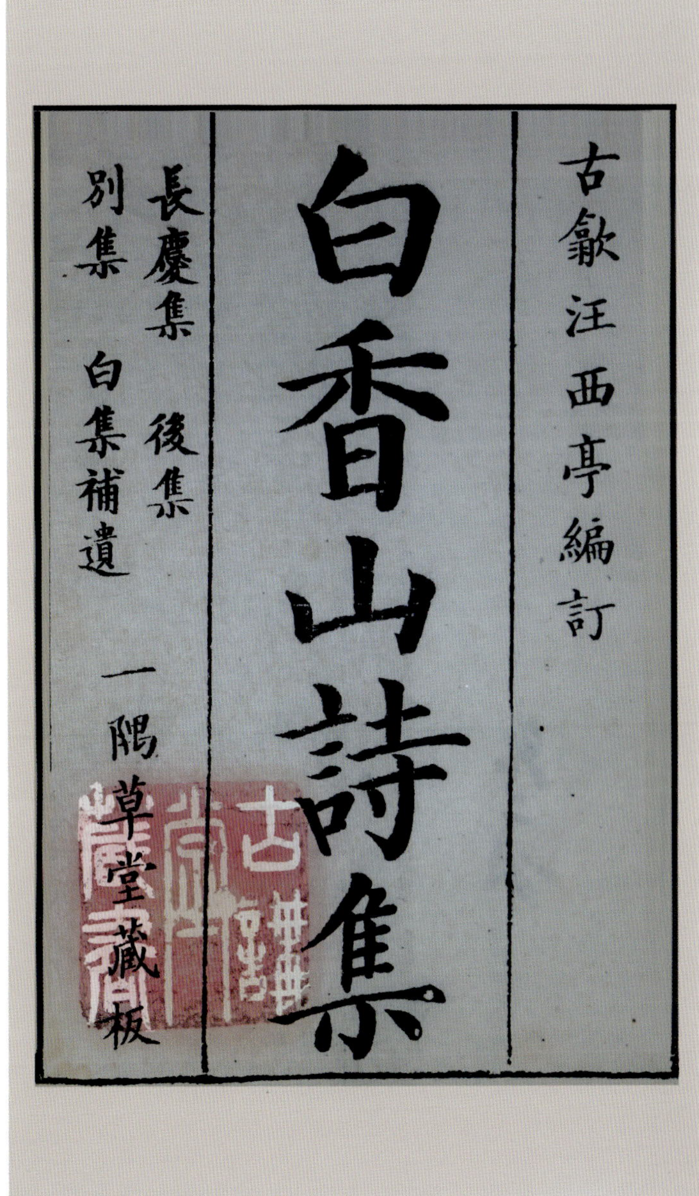

古歙汪西亭編訂

白香山詩集

長慶集　後集

別集　白集補遺

一隅草堂藏板

白香山詩集四十卷（唐）白居易撰（清）汪立名編訂
清康熙四十二年（1703）一隅草堂刻本

白香山詩長慶集卷第二

諷諭二 古調詩五言 凡五十八首

續古詩十首

戚戚復戚戚送君遠行役行役非中原海外黄沙磧伶俜獨居妾迢遞長征客君望功名歸妾憂生死隔誰家無夫婦何人不離拆所恨薄命身嫁遲别日迫妾身有存没妾心無改易生爲閨中婦死作山頭石。

掩淚别鄉里飄飄將遠行茫茫緑野中春盡孤客情驅馬上丘隴高低路不平風吹棠梨花啼鳥時一聲古墓何代人不知姓與名化作路傍土年年春艸生感彼忽自悟今我何營營。

朝采山上薇暮采山上薇歲晏薇亦盡飢來何所爲坐

御製全唐詩序

詩至唐而衆體悉
備亦諸法畢該故
稱詩者必視唐人

全唐詩九百卷（清）曹寅校閱（清）潘從律等校對
清康熙五十年（1711）初刻再印本
郭沫若紀念館存六百一十六卷

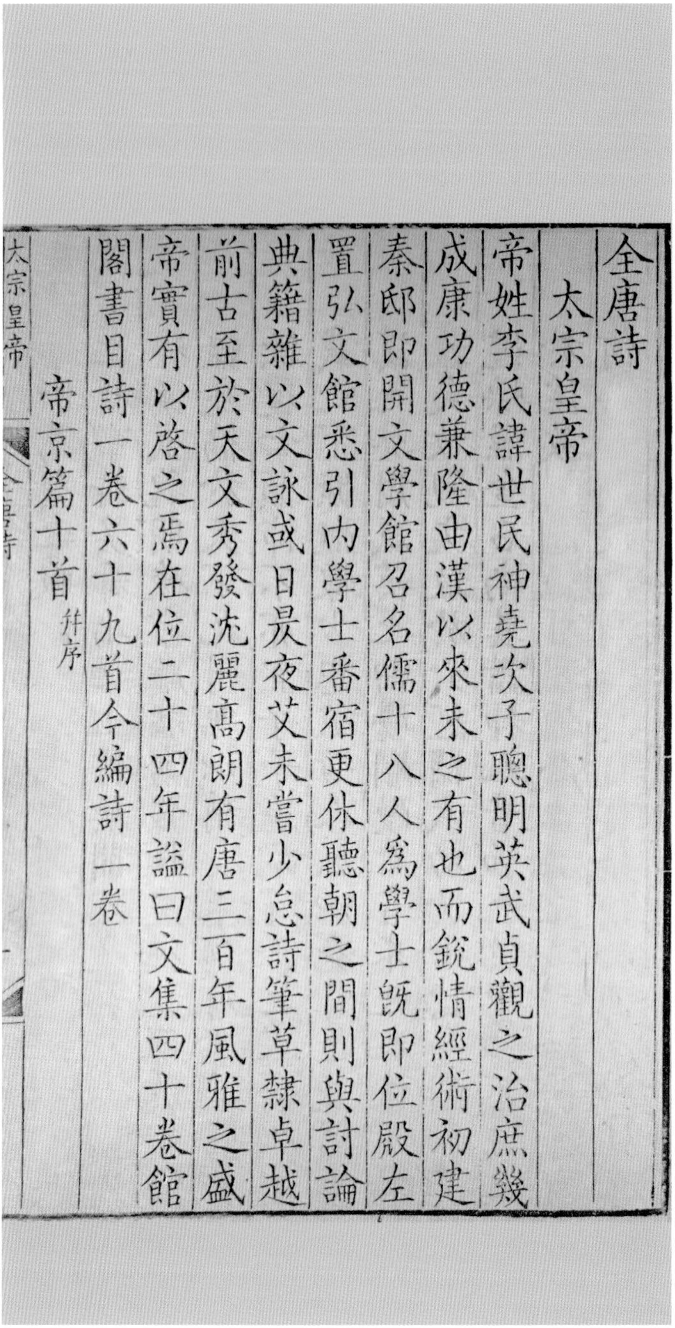
全唐詩
太宗皇帝
帝姓李氏諱世民神堯次子聰明英武貞觀之治庶幾成康功德兼隆由漢以來未之有也而銳情經術初建秦邸即開文學館召名儒十八人爲學士既即位殿左置弘文館悉引内學士番宿更休聽朝之間則與討論典籍雜以文詠或日昃夜艾未嘗少怠詩筆草隸卓越前古至於天文秀發沈麗高朗有唐三百年風雅之盛帝實有以啓之焉在位二十四年謚曰文集四十卷館閣書目詩一卷六十九首今編詩一卷
帝京篇十首 幷序
太宗皇帝　全唐詩

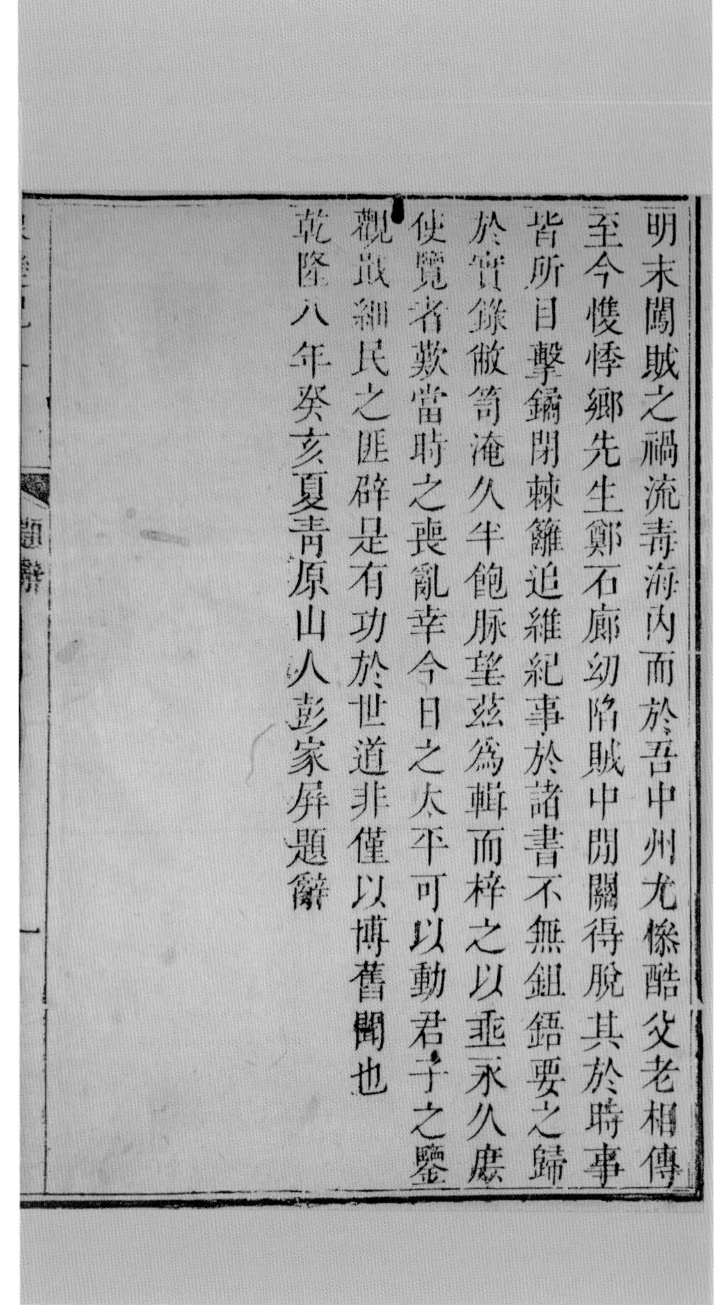
明末闖賊之禍流毒海内而於吾中州尤慘酷父老相傳至今慘悽鄉先生鄭石廊㓜陷賊中間關得脫其於時事皆所目擊觸閉棘籬追維紀事於諸書不無鉏鋙要之歸於實錄敝笥淹久半飽脉望茲爲輯而梓之以垂永久庶使覽者歎當時之喪亂幸今日之太平可以動君子之鑒觀哉細民之匪辟是有功於世道非僅以博舊聞也

乾隆八年癸亥夏青原山人彭家屏題辭

豫變紀略八卷（清）鄭廉撰
清乾隆八年（1743）刻本

丙寅　丁卯

豫變紀畧卷一

年表　災異　大事記　寇賊犯亂

天啟六年　黃河清鳳凰見
冬　滎澤池冰結花

七年三月　商水雨冰
夏　旱蝗
內鄉雹雨損麥
鄭州書院蓮開
品字花
秋　巡撫□增光令開封府除地爲

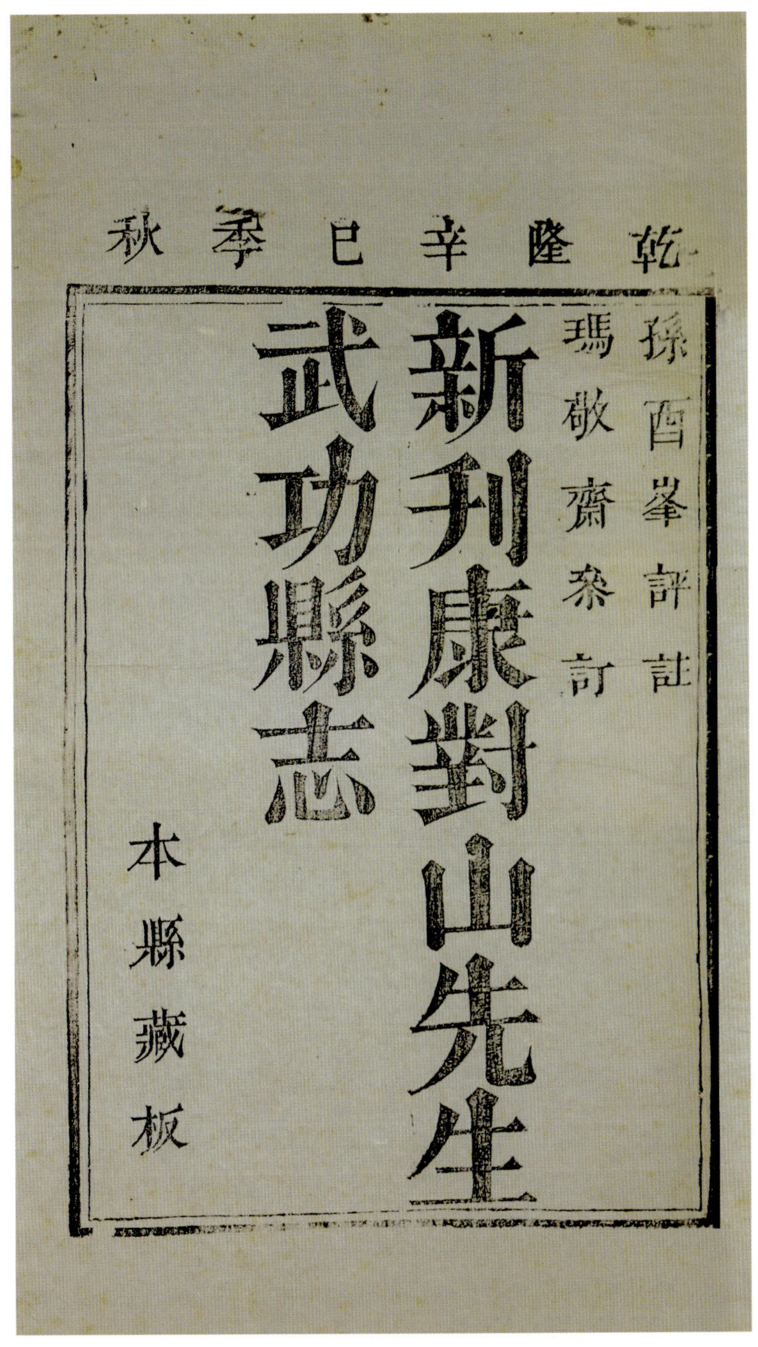

乾隆辛巳季秋

孫酉峯評註

瑪敬齋叅訂

新刊康對山先生

武功縣志

本縣藏板

新刊康對山先生武功縣志三卷（明）康海撰（清）孫景烈評注（清）瑪星阿參訂

清乾隆二十六年（1761）武功縣刻本

武功縣志卷之一

地理志第一

夫武功古有邰氏之國也有邰氏有女曰姜原爲帝嚳元妃生弃教民稼穡有功堯封于邰號曰后稷后稷卒子不窋嗣不窋末年夏后氏政衰去稷不務乃奔于戎狄之間周興爲岐豐之域平王東遷賜豐鎬于秦邰遂爲秦邑至始皇列天下爲郡縣以邰爲斄漢改武功縣隸右扶風去古邰城二十里王莽曰新光東漢復徙古邰城魏置爲武功郡領美陽縣晉改屬始平郡後魏復爲武功郡周改雍州武帝建德三年復置武功郡治邰城已而復爲縣隨改隸京兆郡唐武德三年改置稷州以武功好畤盩厔郿鳳泉隸之尋又析始平置扶風縣四年以岐州圍川隸之七年又以隸岐州貞觀元年隸雍州天授二年又置稷州領武功文明元年析以

文明在天授前

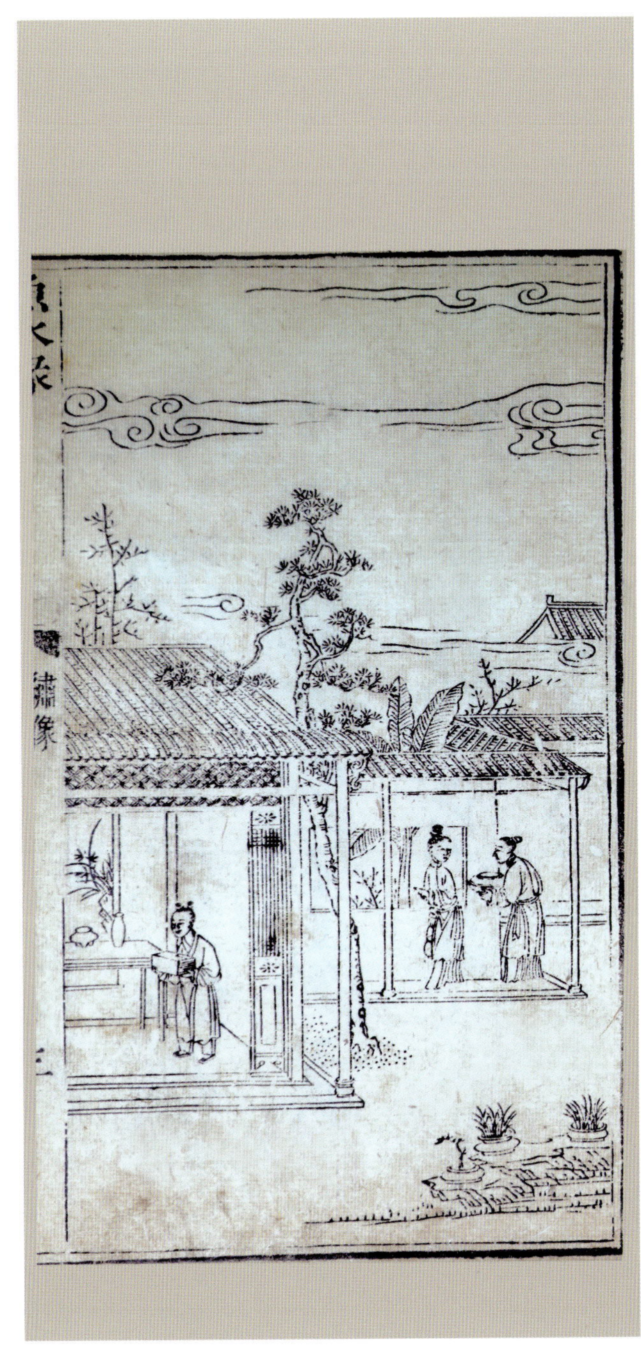

魚水緣傳奇二卷（清）周書撰
清乾隆二十六年（1761）博文堂刻本

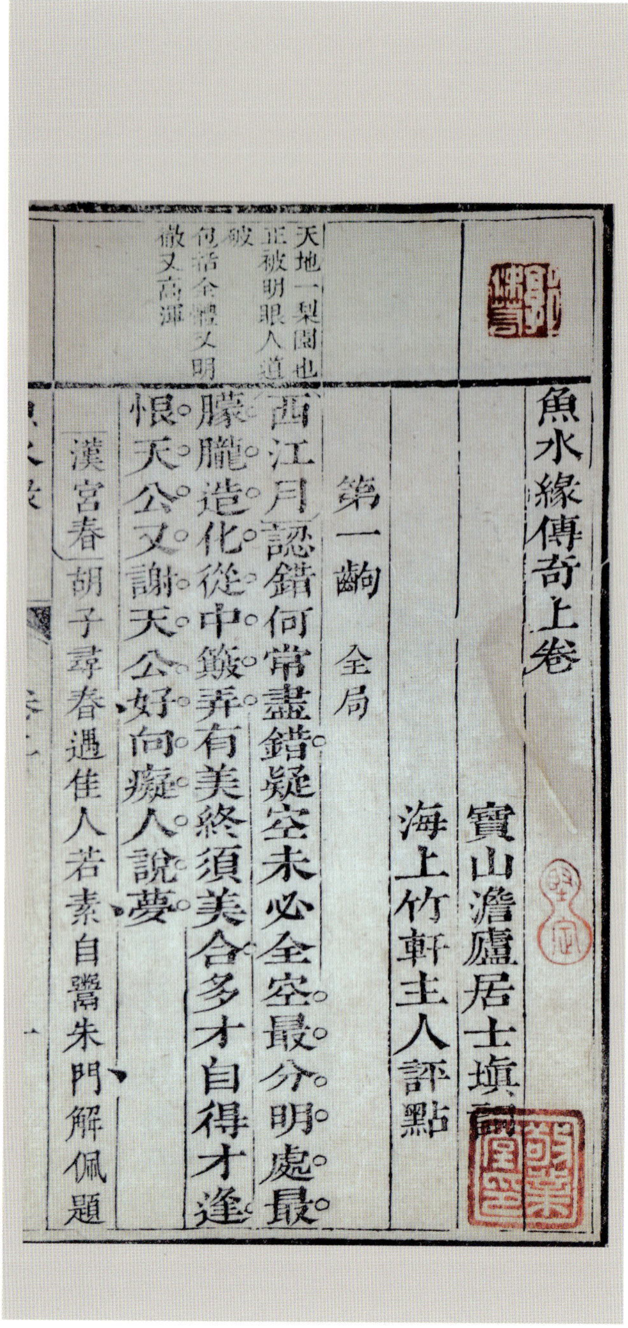

天地一梨園也正被明眼人道破包括全體又明徹又高渾

魚水緣傳奇上卷

寶山澹廬居士塡詞

海上竹軒主人評點

第一齣　全局

西江月　認錯何常盡錯。疑空未必全空。最分明處最朦朧。造化從中簸弄。有美終須美合。多才自得才逢。恨天公又謝天公。好向癡人說夢。

漢宮春　胡子尋春遇佳人若素自鬻朱門解佩題

秦李斯以新意變古科斗書後世相沿益
復精好自漢唐以來能者不可槩舉唯鍾
鼎文間見於士大夫家謂如洗玉池銘讀
書堂帖字既不多往、後人依倣為之殆
無古意青社趙公東平劉公廬陵歐陽
公三家收金石遺文最號詳備獨鼎器
款識絶少字畫復多漫滅不可考證及
得呂大臨趙九成二家考古圖雖畧有典

嘯堂集古録二卷（宋）王俅輯
清中前期影宋鈔本

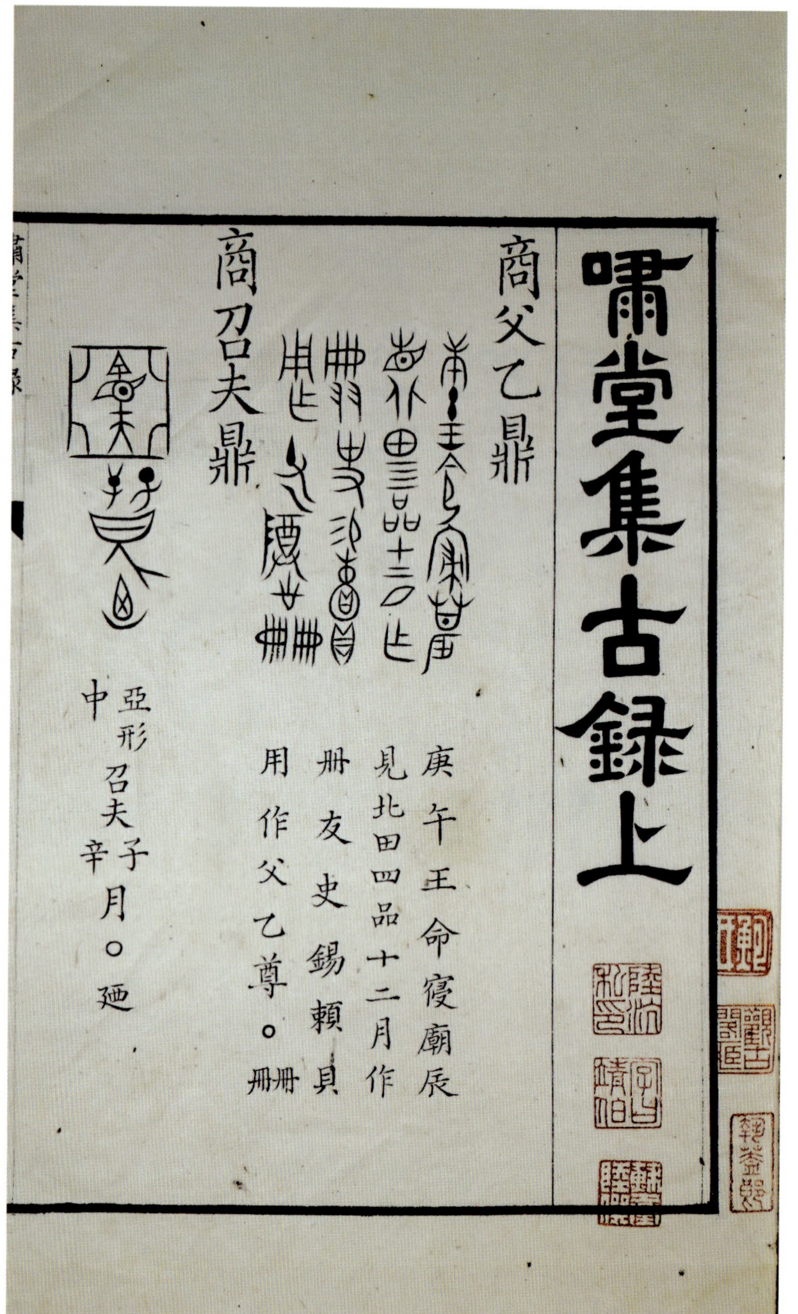
嘯堂集古録上
商父乙鼎
庚午王命寢廟辰
見北田四品十二月作
冊友史錫賴貝
用作父乙尊○冊冊
商召夫鼎
亞形
中
召夫子
辛
月○
廼

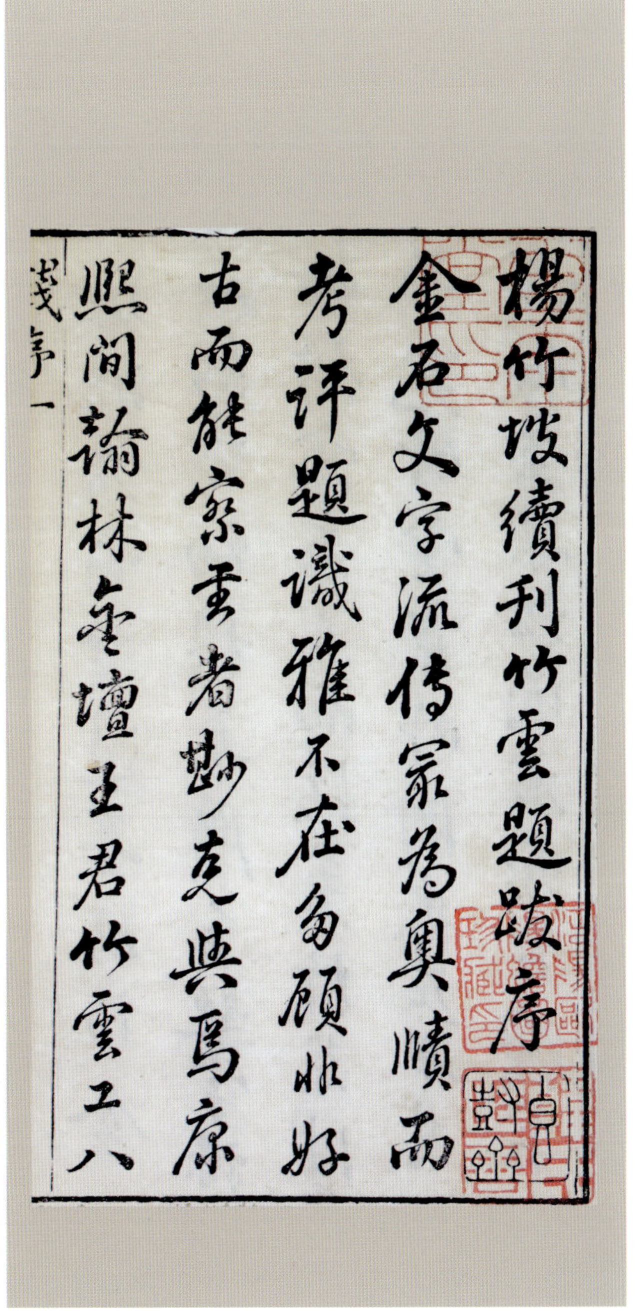
楊竹坡續刊竹雲題跋序
金石文字流傳最為奥賾而
考評題識雅不在多顧非好
古而能寶重者尠克與焉康
熙間翰林金壇王君竹雲工八

序一

虛舟題跋十卷（清）王澍撰（清）溫純訂
清乾隆五十三年（1788）墨妙樓刻本

虛舟題跋卷一原第四

金壇王　澍蒻林著
吴興温　純一齋訂

魏鍾繇賀捷表見竹雲本

比干墓殘字

水經注云朝歌縣牧野比干冢前有石銘𨽻云殷大夫比干墓今此石尚存大夫二字闕墓字復不全世傳以為孔子書按𨽻始於秦不應孔

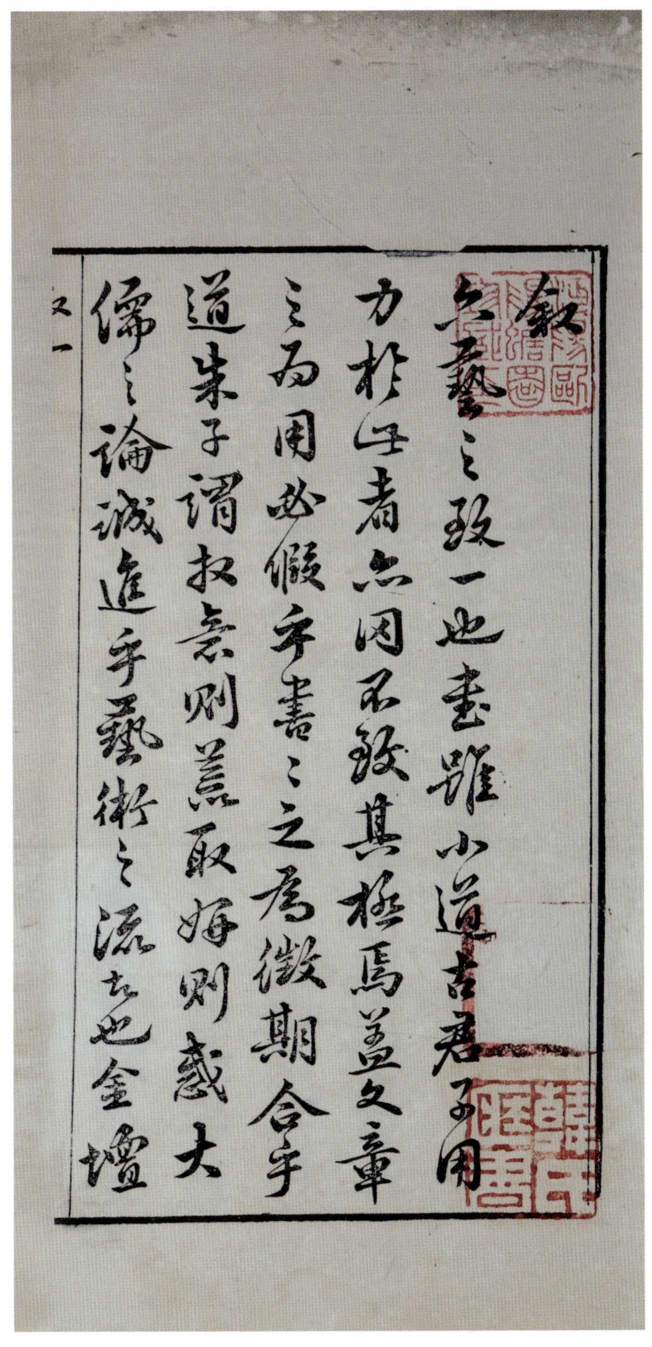

敘

六藝之致一也書雖小道古君子用力於斯者亦罔不致其極焉蓋文章之爲用必假乎書書之爲徵期合乎道朱子謂放意則荒取姸則惑大儒之論識進乎藝術之流者也金壇

敘一

虛舟題跋補原三卷（清）王澍撰（清）溫純訂
清乾隆五十三年（1788）墨妙樓刻本

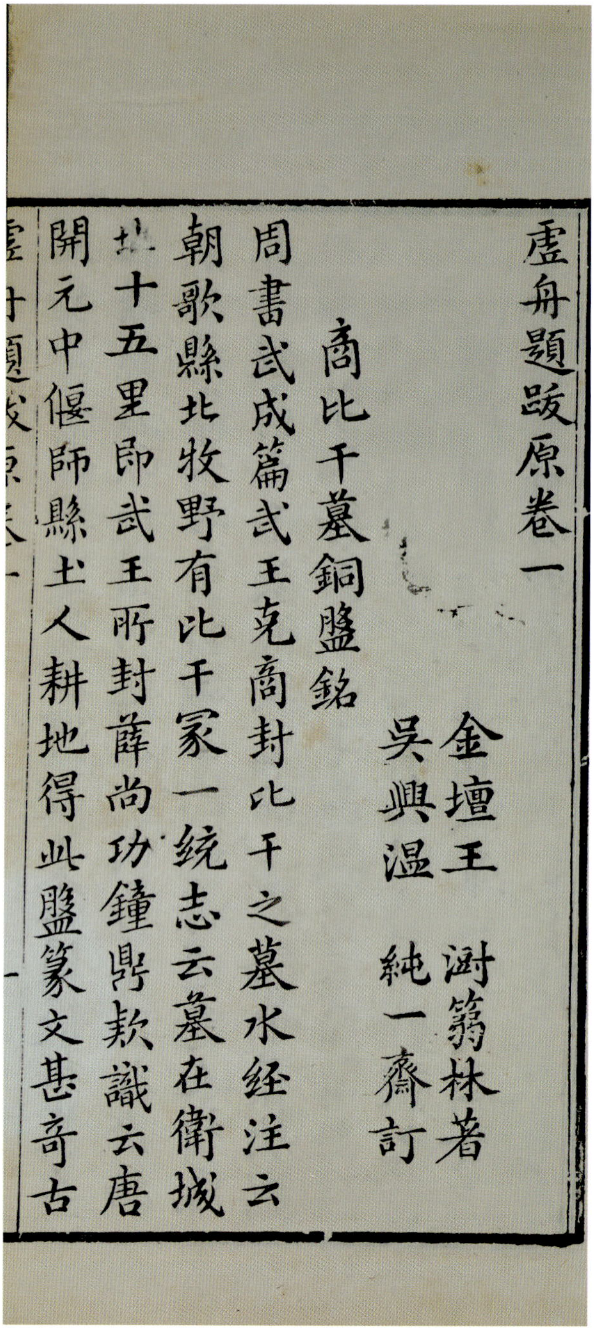

虛舟題跋原卷一

金壇王　澍蒻林著
吴興温　純一齋訂

商比干墓銅盤銘

周書武成篇武王克商封比干之墓水经注云朝歌縣北牧野有比干冢一統志云墓在衛城北十五里即武王所封薛尚功鐘鼎款識云唐開元中偃師縣土人耕地得此盤篆文甚奇古

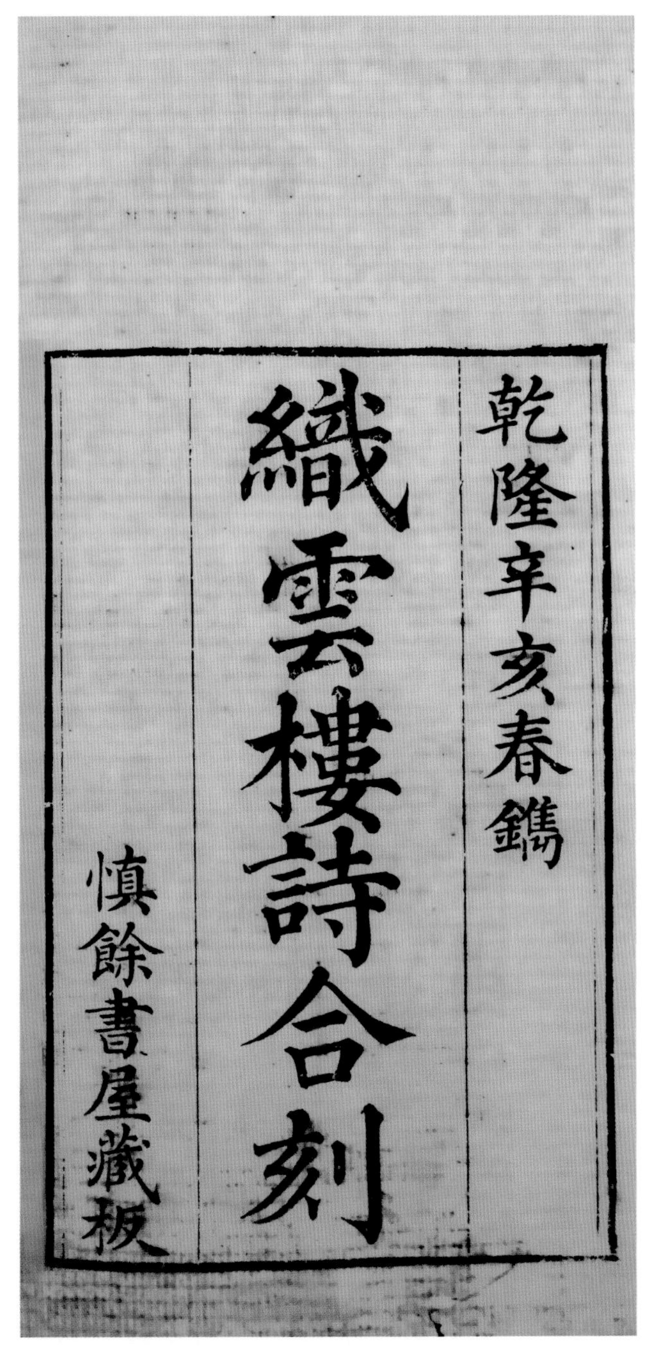

織雲樓詩合刻不分卷（清）周映清等撰
清乾隆五十六年（1791）慎餘書屋刻本

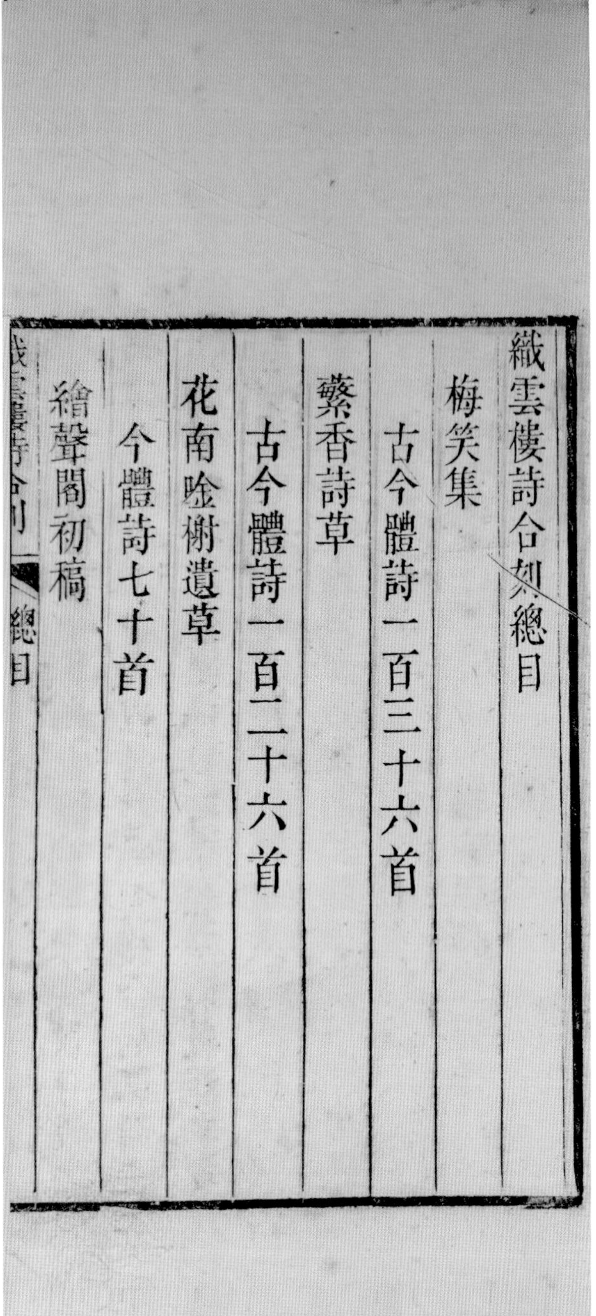
織雲樓詩合刻總目
梅笑集
古今體詩一百三十六首
蘩香詩草
古今體詩一百二十六首
花南唫榭遺草
今體詩七十首
繪聲閣初稿
織雲樓詩合刻　總目

弟子職者管子雜篇之第十篇也其
書言弟子事師拚掃饌饋執燭受業
坐作進退之節源出周官保氏六儀
之遺蓋管子治齊士恒爲士子與子
言孝幼者言弟旦昔從事少而習焉
其心安焉或管子嘗稱以教或爲其
學者綴拾舊聞坿于本書漢書藝文
志管子在道家而弟子職在孝經部

弟子職注一卷（清）孫同元注
清嘉慶六年（1801）刻本

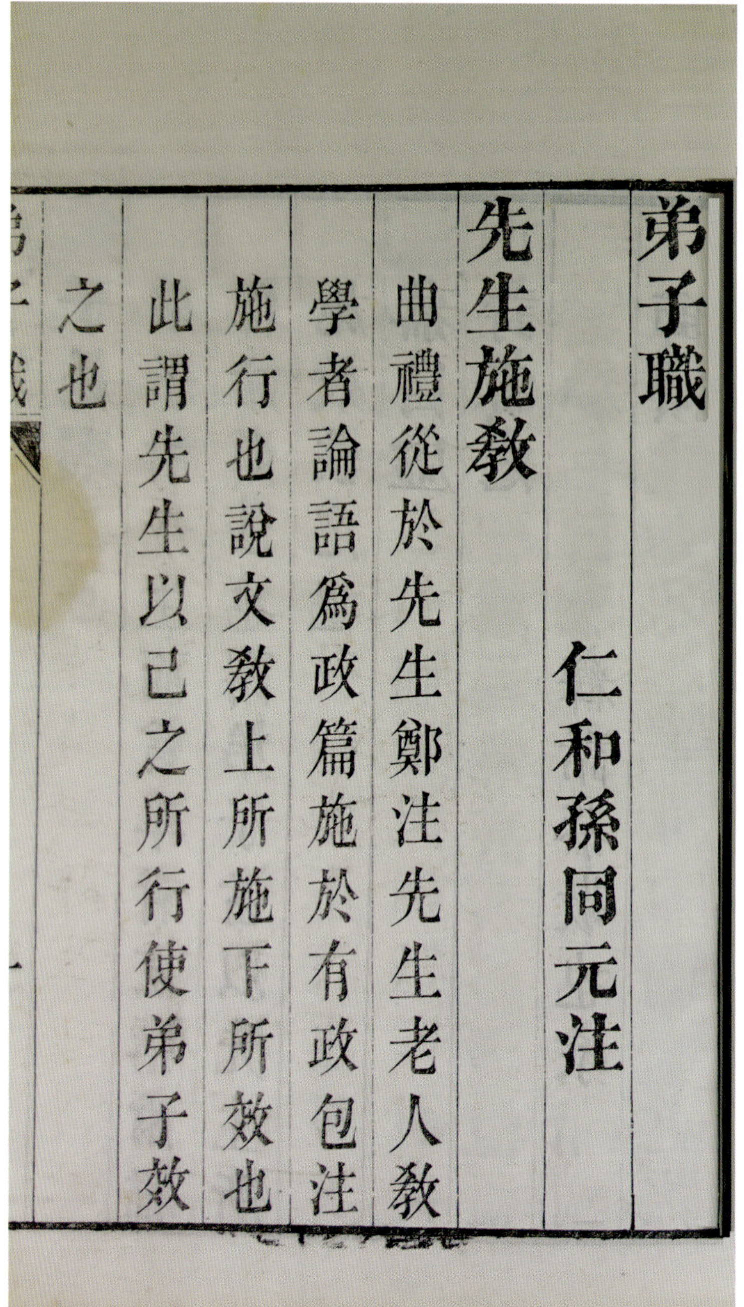
弟子職
仁和孫同元注
先生施教
曲禮從於先生鄭注先生老人教學者論語爲政篇施於有政包注施行也說文教上所施下所效也此謂先生以己之所行使弟子效之也

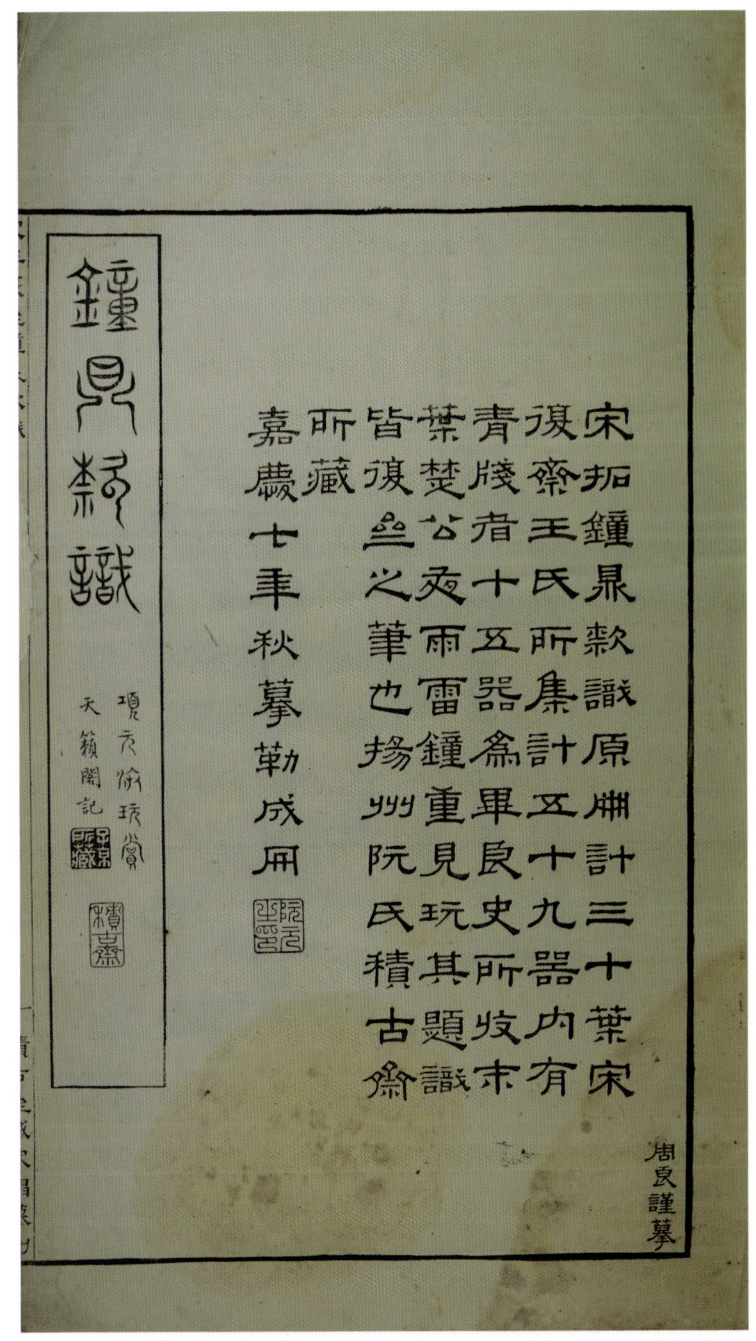

鐘鼎款識

項元汴玩賞 天籟閣記

宋拓鐘鼎款識原冊計三十葉宋復齋王氏所集計五十九器內有青牋者十五器爲畢良史所收末葉楚公逆雨雷鐘重見玩其題識皆復丝之筆也揚州阮氏積古齋所藏

嘉慶七年秋摹勒成冊

周良謹摹

鐘鼎款識不分卷（宋）王厚之輯

清嘉慶七年（1802）阮氏積古齋刻本

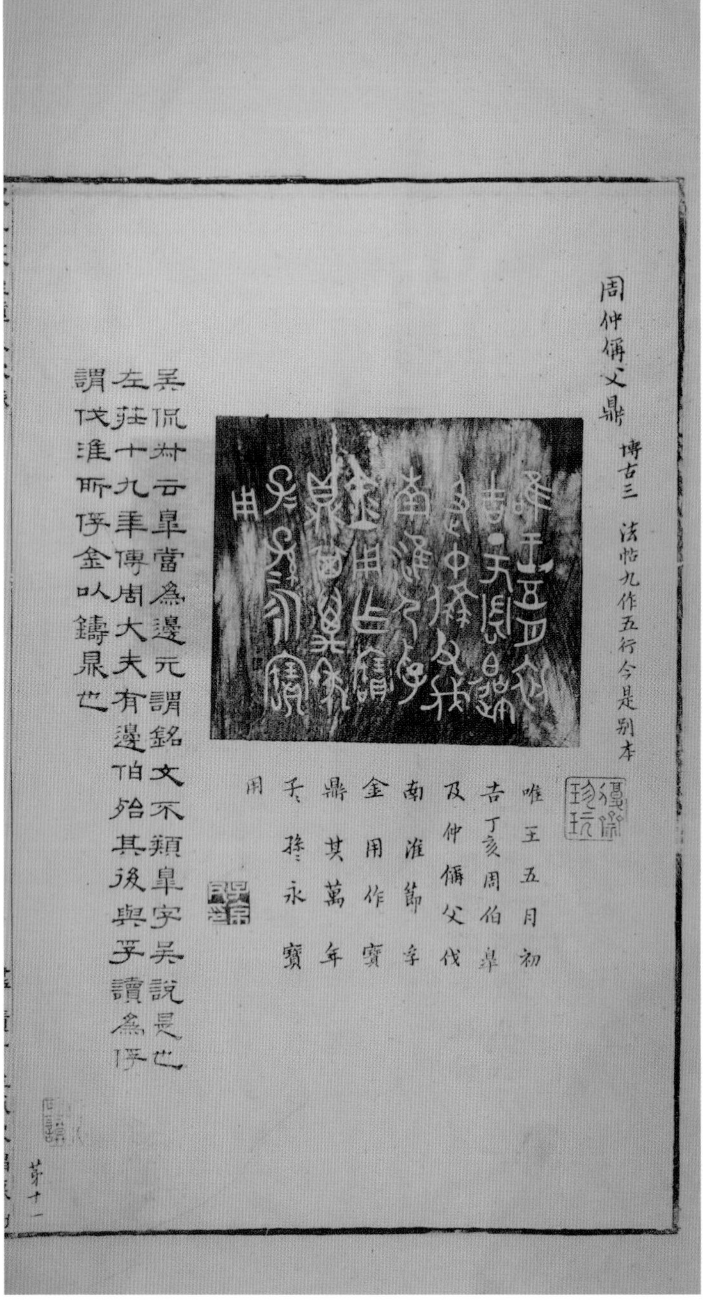
周仲偁父鼎　博古三　法帖九作五行今是别本

唯王五月初吉丁亥周伯臯及仲偁父伐南淮節孚金用作寶鼎其萬年子孫永寶用

吴侃叔云臯當爲邊元謂銘文不類臯字吴説是也左莊十九年傳周大夫有邊伯始其後與孚讀爲俘謂伐淮所俘金以鑄鼎也

苐十一

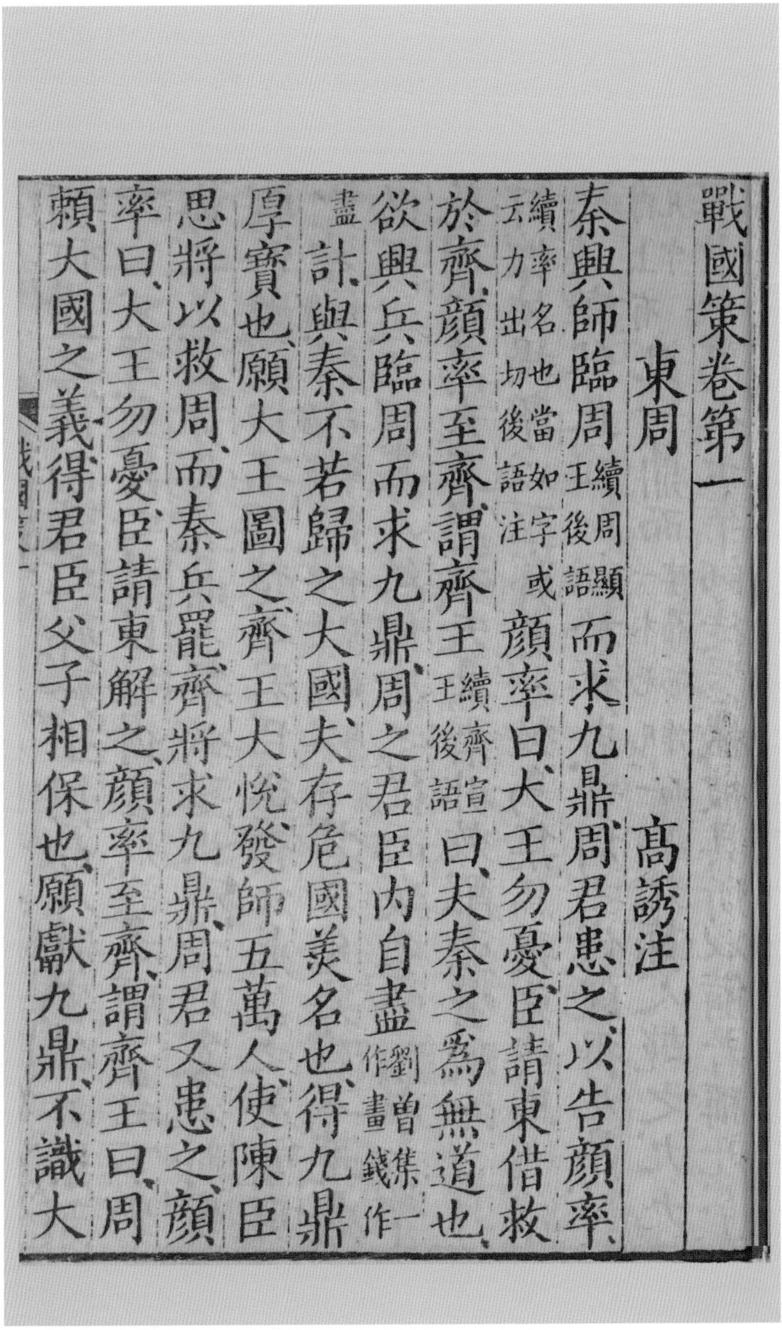

戰國策卷第一

東周　　高誘注

秦興師臨周（續周顯王後語）而求九鼎周君患之以告顏率（續率名也當如字或云力出切後語注）顏率曰大王勿憂臣請東借救於齊顏率至齊謂齊王（續齊宣王後語）曰夫秦之爲無道也欲興兵臨周而求九鼎周之君臣內自盡（劉曾集一作畫錢作盡）計與秦不若歸之大國夫存危國美名也得九鼎厚寶也願大王圖之齊王大悅發師五萬人使陳臣思將以救周而秦兵罷齊將求九鼎周君又患之顏率曰大王勿憂臣請東解之顏率至齊謂齊王曰周賴大國之義得君臣父子相保也願獻九鼎不識大

剡川姚氏本戰國策三十三卷札記三卷（漢）高誘注（清）黄丕烈札記
清嘉慶八年（1803）冬吳門黄氏讀未見書齋刻本

重刻剡川姚氏本戰國策札記卷上

新雕重校戰國策目録此目録盡右定著三十三篇鮑本無不列案此皆劉向所定著鮑改其次第因而刪去誤甚吳氏重校補入是矣凡以後次第與鮑本不同者吳氏正詳之此不載

以思其德下及康昭之後後下鮑本注云以思其德一作恩德其上下及一無下字列爲侯王今本誤重侯字是以傳相放效傳鮑本作轉蓋爲戰國蓋鮑本作盡不得施謀有設之強謀設二字鮑本互易因四塞之固固鮑本作國杖於謀詐之弊謀詐鮑本作詐謀終於信篤之誠今本於作無鮑本作無不列案無字是也有恥且格今本格誤假雖不可以臨國教化國鮑本無

東周

夫秦之爲無道也爲鮑本作於得九鼎厚寶也今本寶作實鮑本作寶齊王大悅發師五萬人悅鮑本無吳補一本大說少海

經籍籑詁序

有文字而後有詁訓有詁訓而後有義理詁訓者義理之所由出非別有義理出乎詁訓之外者也詩烝民之篇曰天生烝民有物有則民之秉彝好是懿德宣尼贊爲知道之言而其詩述仲山甫之德本於古訓是式古訓者詁訓也詁訓之不忘乃能全乎民秉之彝詁訓之於人大矣哉昔唐虞典謨首稱稽古姬公爾雅詁訓具備孔子大聖自謂好古敏以求之又

經籍籑詁並補遺一百零六卷（清）阮元等撰集
清嘉慶十七年（1812）揚州阮氏琅嬛僊館刻本

經籍籑詁卷第一　上平聲

臣阮元譔集

一東

東｜動也廣雅釋詁一又漢書律厤志上○｜者動也續漢書五行志注引風俗通○｜方者動方也物之動也藝文類聚歲時部上引書大傳○｜方者動方也萬物始動生也白虎通五行○｜方者陽氣始動萬物始生同上○｜方天下皆生也同上○｜｜方者陽也白虎通情性○｜方木也論衡形勢○｜方者木春秋繁露五行相生○｜方者木也白虎通五行○｜風木風也淮南覽冥故｜風至而酒湛溢注○震爲｜易既濟｜鄰殺牛虞注○｜者日之初素問五運行大論｜方生風注○｜君日也廣雅釋

經籍籑詁　卷一　一東

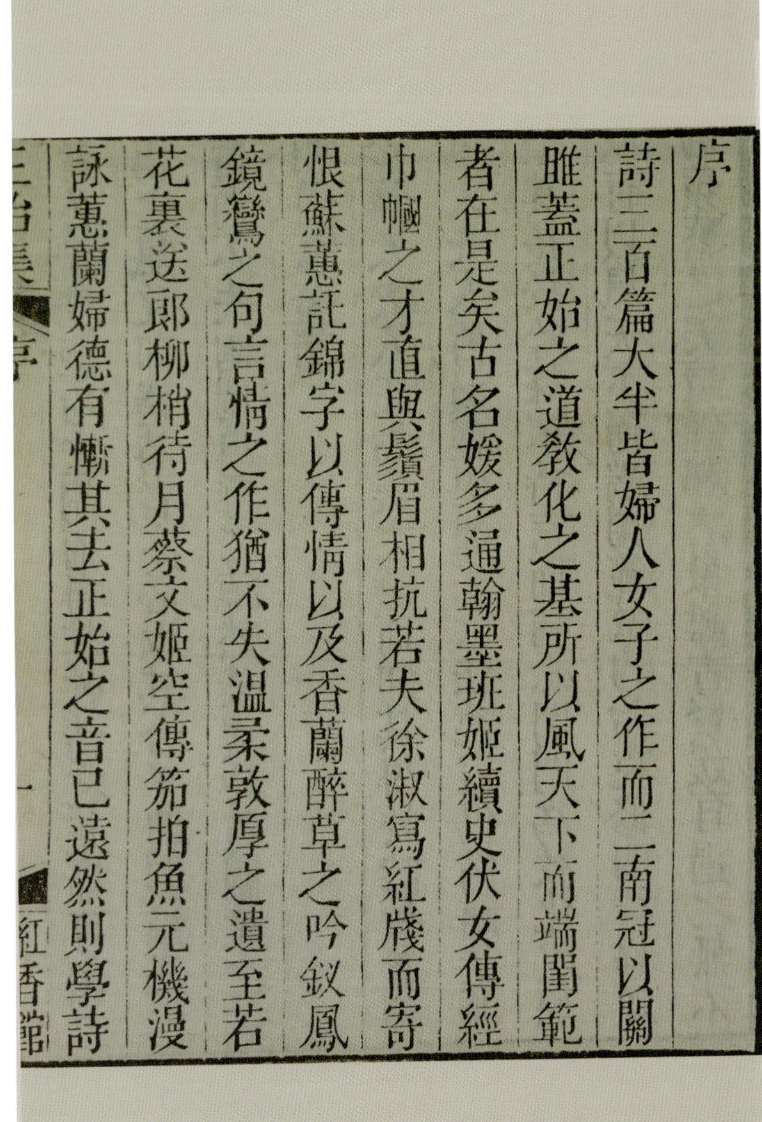
序

詩三百篇大半皆婦人女子之作而二南冠以關雎葢正始之道教化之基所以風天下而端閨範者在是矣古名媛多通翰墨班姬續史伏女傳經巾幗之才直與鬚眉相抗若夫徐淑寫紅牋而寄恨蘇蕙託錦字以傳情以及香奩醉草之吟釵鳳鏡鸞之句言情之作猶不失溫柔敦厚之遺至若花裏送郎柳梢待月蔡文姬空傳笳拍魚元機漫詠蕙蘭婦德有慚其去正始之音已遠然則學詩

紅香館

國朝閨秀正始集二十卷（清）完顔惲珠輯
清道光十一年（1831）紅香館刻本

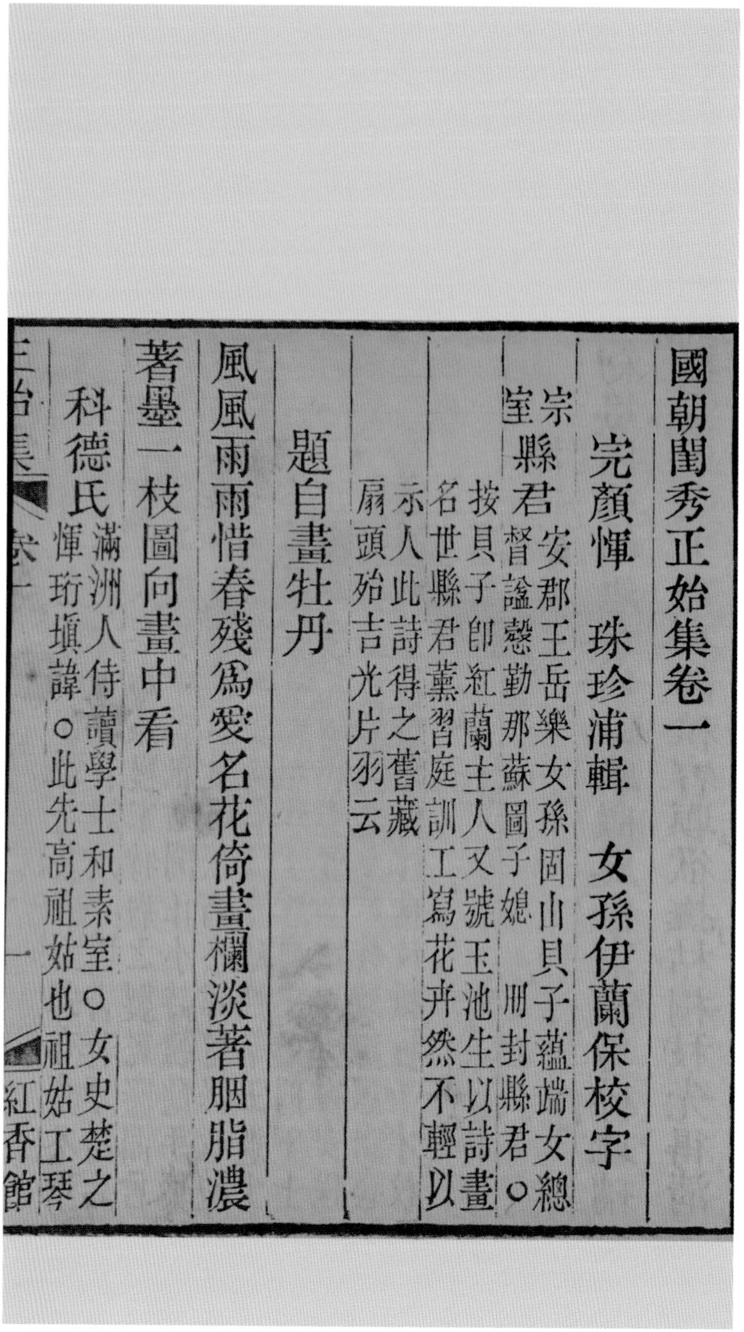

國朝閨秀正始集卷一

完顔惲　珠珍浦輯　女孫伊蘭保校字

宗室縣君安郡王岳樂女孫固山貝子藴端女總督謚愨勤那蘇圖子媳　册封縣君○

按貝子即紅蘭主人又號玉池生以詩畫名世縣君薫習庭訓工寫花卉然不輕以示人此詩得之舊藏扇頭殆吉光片羽云

題自畫牡丹

風風雨雨惜春殘爲愛名花倚畫欄淡著胭脂濃著墨一枝圖向畫中看

科德氏滿洲人侍讀學士和素室○女史楚之惲珩塡諱○此先高祖姑也祖姑工琴

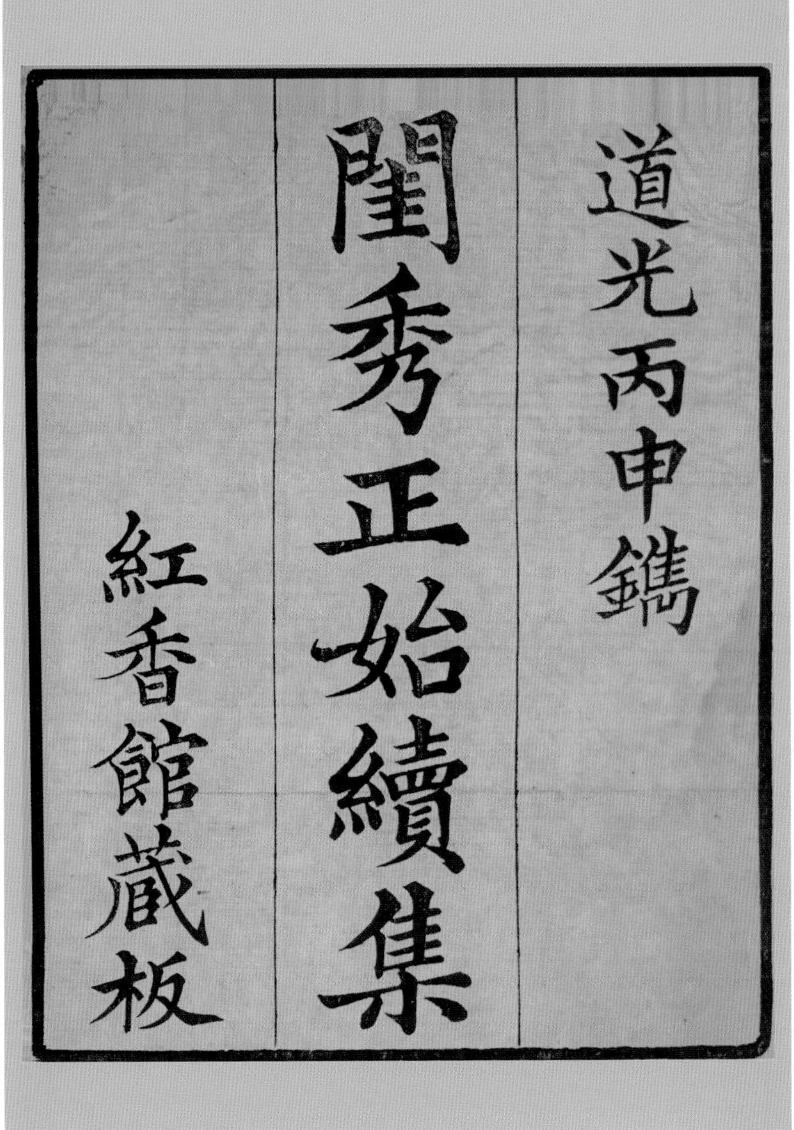

國朝閨秀正始續集十卷（清）完顏惲珠輯
清道光十六年（1836）紅香館刻本

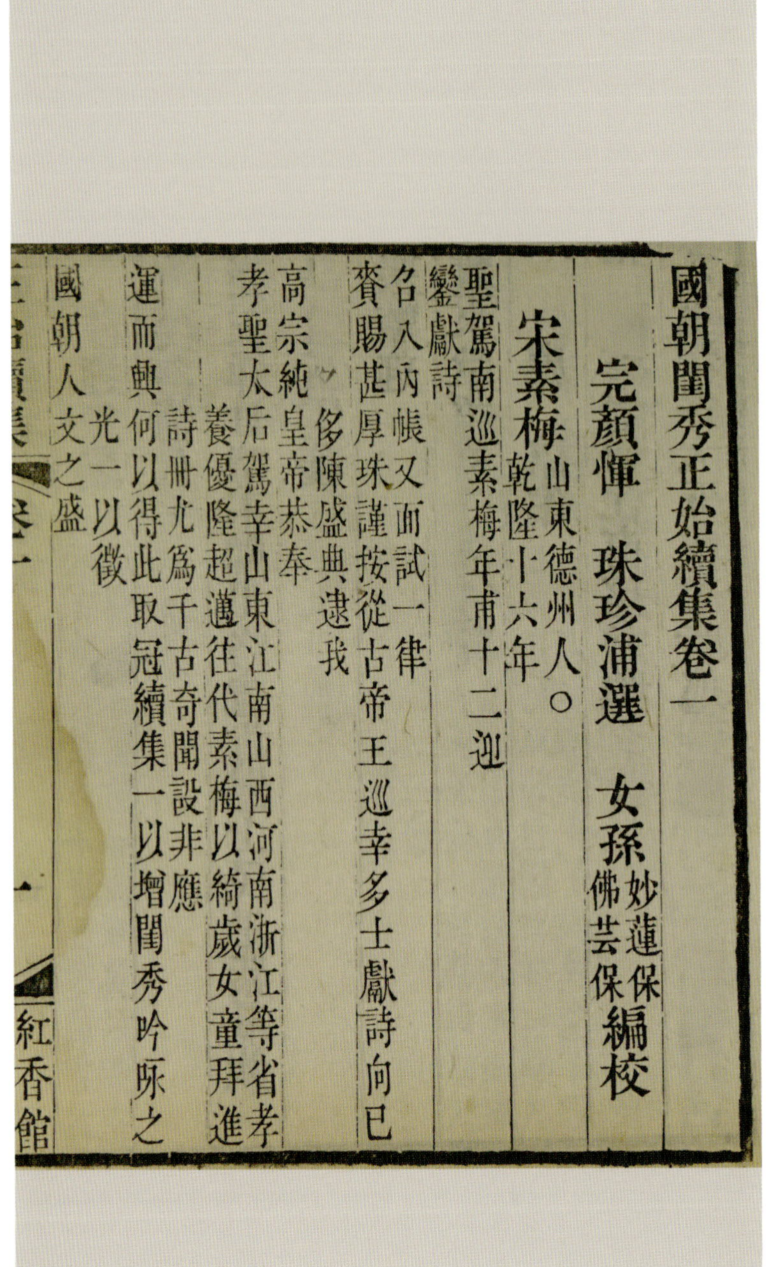

國朝閨秀正始續集卷一

完顏惲　珠珍浦選　女孫妙蓮保 佛芸保 編校

宋素梅山東德州人○乾隆十六年

聖駕南巡素梅年甫十二迎

鑾獻詩

賚賜甚厚珠謹按從古帝王巡幸多士獻詩向已

名入丙帳又面試一律

高宗純皇帝恭奉

孝聖太后駕幸山東江南山西河南浙江等省孝

養優隆超邁往代素梅以綺歲女童拜進

詩冊尤爲千古奇聞設非應

運而興何以得此取冠續集一以增閨秀吟咏之

光一以徵

國朝人文之盛

正始續集　卷一　紅香館

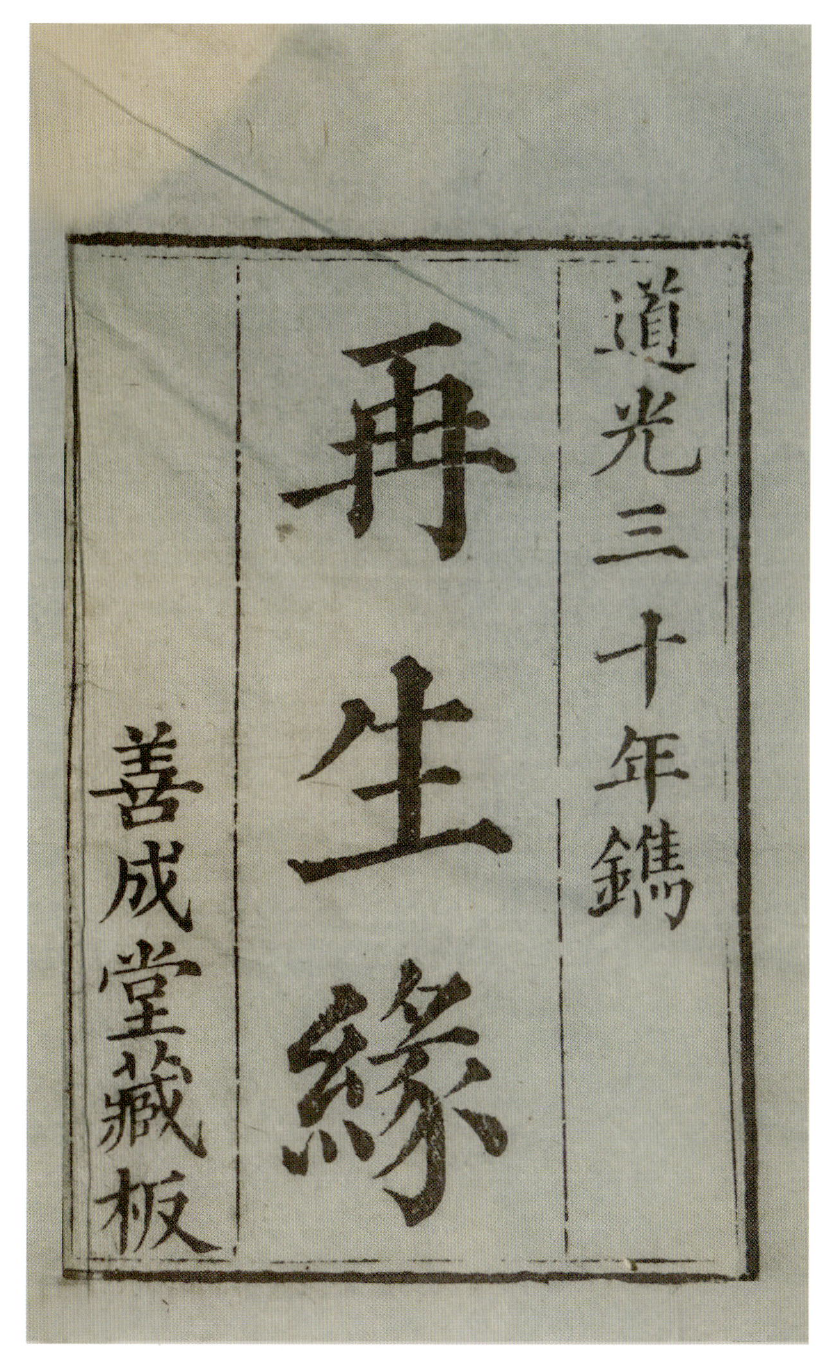

再生緣二十卷（清）陳端生撰
清道光三十年（1850）善成堂刻本

再生緣全傳卷之一

詩曰

靜坐芸窗憶舊時　每尋閑緒寫新詞
縱横彩筆揮濃墨　點綴幽情出巧思
論事可關忠孝事　評評原是拙愚詩
知音未盡觀書興　再續前文共玩之

閑慵無事小窗前　秋夜初寒轉未眠　燈影斜搖書按側　雨聲頻滴曲欄邊　閒搜新思難成句　略檢微辭可作篇　今夜安閒權自適　聊將彩筆寫良緣　自古云　婚姻五百年前定　我觀來　成敗之由總在天

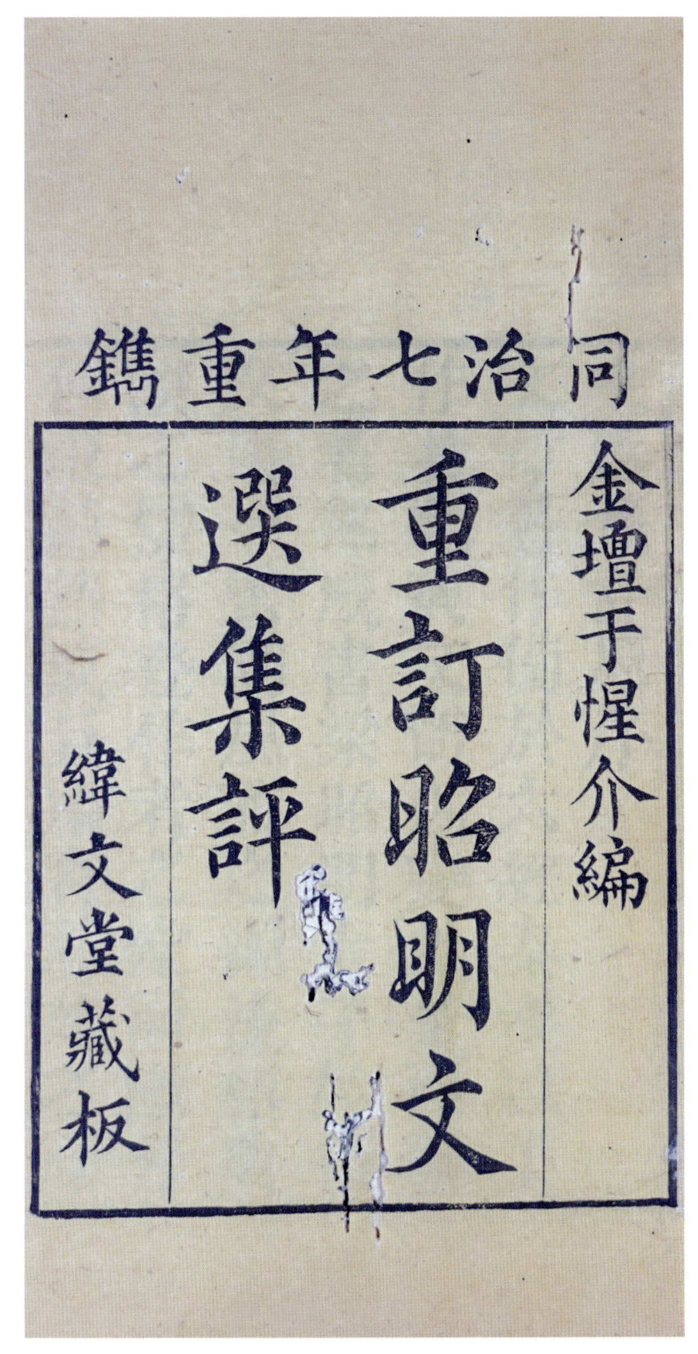

重訂昭明文選集評十五卷（清）于光華編
清同治七年（1868）緯文堂刻本

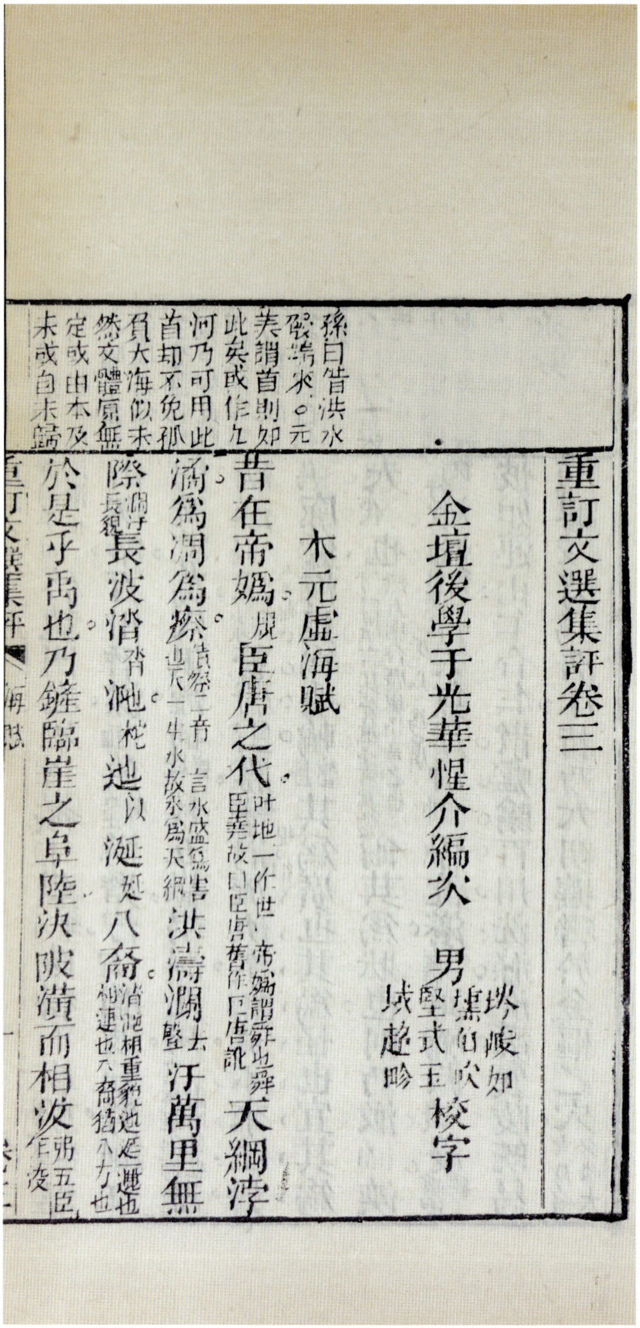

孫曰箸洪水發端來○元美謂首則如此矣或作九河乃可用此首却不免孤負大海似未然文體原無定或由本及末或自末歸

重訂文選集評卷三

金壇後學于光華惺介編次　男　塽峻如　壎伯吹　堅式玉　域超昣　校字

木元虛海賦

昔在帝媯，規臣唐之代，叶地一作世帝媯謂舜也舜臣堯故曰臣唐舊作巨唐訛天綱浡潏爲凋爲㵰，音祭一音[illegible]言水盛爲害也天一生水故水爲天綱洪濤瀾去聲汗，萬里無際。凋汙長貌長波涾沓㴲他，迆以涎延八裔。涾㴲相重貌迆涎邐迤也八裔猶八方也於是乎禹也，乃鏟臨崖之阜陸，決陂潢而相波，弼五臣作沒

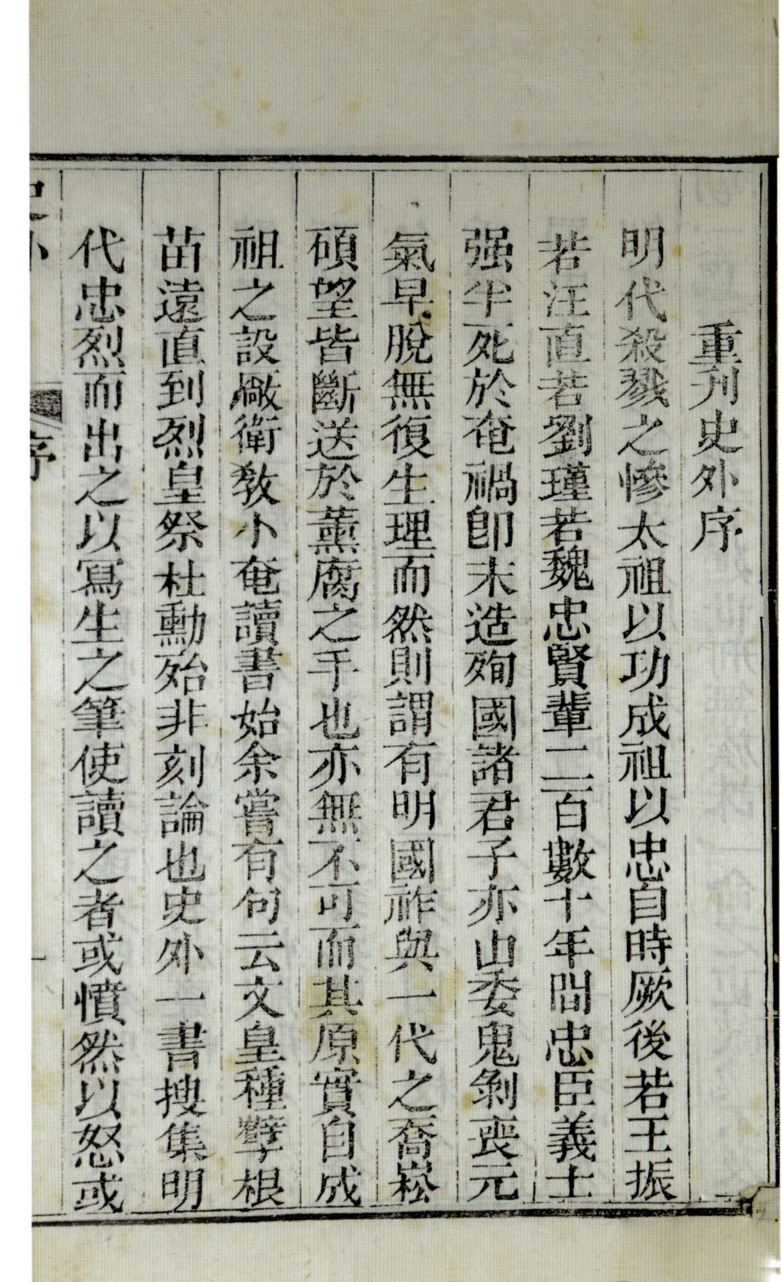
重刊史外序

明代殺戮之慘太祖以功成祖以忠自時厥後若王振若汪直若劉瑾若魏忠賢輩二百數十年間忠臣義士强半死於奄禍即未造殉國諸君子亦由委鬼剝喪元氣早脫無復生理而然則謂有明國祚與一代之喬崧碩望皆斷送於薰腐之手也亦無不可而其原實自成祖之設廠衛教小奄讀書始余嘗有句云文皇種孽根苗遠直到烈皇祭杜勳始非刻論也史外一書捜集明代忠烈而出之以寫生之筆使讀之者或憤然以怒或

史外八卷（清）汪有典撰
清同治九年（1870）刻本

諸人皆有關係故皆總叙

提挈

史外卷之一

濡須汪有典著

方正學先生傳 附方孝友等

先生諱孝孺、字希直、一字希古、號遜志、又號小韓子、浙江甯海人、高祖重桂、鄉貢進士、曾祖子野、祖炯、元鄞縣教諭、父克勤、濟甯知府、事見循吏傳、同母兄孝聞、異母弟孝友、祖母葉、母林、庶母董、仲父克家、克家子孝復、以奏請減賦謫甯夏慶遠衛軍、姑少卿盧原質母、妻鄭子中憲中愈、女二、壻王韐死國事、忠文公禕之孫、先生生平傑然必爲君子賤文章而重道德恥刑罰而

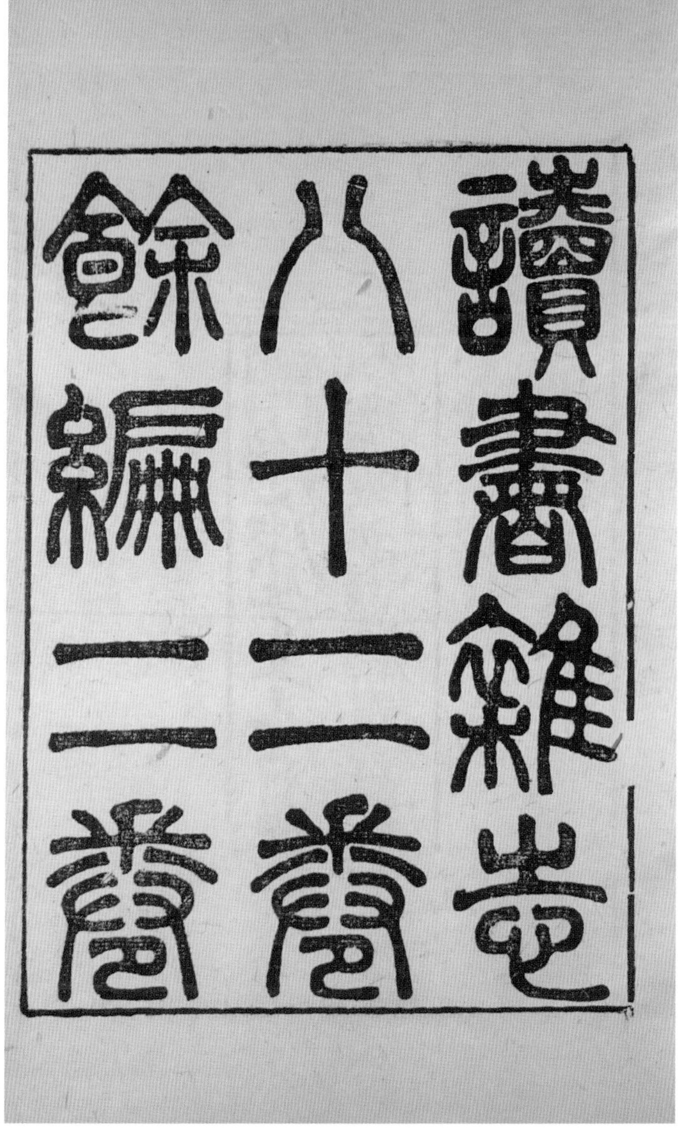

讀書雜志八十二卷餘編二卷（清）王念孫撰
清同治九年（1870）金陵書局刻本

逸周書弟一　　讀書雜志一

高郵王念孫

政

度訓篇力爭則力政力政則無讓念孫案政與征同古字多以政爲征不可枚舉力征謂以力相征伐吳語曰以力征一二兄弟之國大戴記用兵篇曰諸侯力政不朝於天子皆是也又大武篇武有七制政攻侵伐陳戰鬬今本七誤作六陳誤作搏又脫鬬字辯見本篇政亦與征同故與攻侵伐陳戰鬬竝列而爲七而孔注云政者征伐之政則誤讀爲政事之政矣

力竟

佩文廣韻匯編五卷（清）李元祺編
清同治十一年（1872）金陵書局刻本

佩文廣韻匯編卷第一

句容李元祺編輯

上平聲

一東 廣韻一東

東德紅切春方也說文動也从日在木中 凍瀧丨沾漬爾雅暴雨謂之丨又送韻 蝀螮丨虹也又送韻 ○ 同徒紅切合也齊也又地方百里爲丨亦作仝 童獨也言丨子未有室家也 僮丨僕亦作童 銅金之一品 桐木名 峒崆丨山名 艟舟丨名 筒竹名同筩 瞳目丨 罿車上網又音衝 犝無角牛亦作童 筩斷竹同筒 潼水名關名又通衝二音 曈丨曨日欲明兒 侗無知也又董韻 酮馬酪 鮦爾雅鰹大丨又腫韻 [illegible]無角羊亦作童 穜丨稑先種後熟謂之丨詩作重 衕通街也 絧布名又送韻 詷共也一曰諏也又送韻廣韻入一送 戙繫船杙廣韻入一送 艟戰船狹而長曰艨丨又絳韻廣韻入三鍾四絳 氃氋丨散毛兒廣韻未收 朣朧丨月欲出廣韻未收 ○ 中陟弓切平也宜也半也又

佩文廣韻匯編　卷一　一東　一　半埨艸堂

明三十家詩選初集八卷二集八卷（清）汪端輯
清同治十二年（1873）藴蘭吟館重刻本

明三十家詩選初集卷一

錢塘汪端允莊輯

劉基九十四首

基字伯温青田人元至順癸酉進士至正中爲行樞密院經歷與石末宜孫守處州方氏之亂安集本郡爲執政者所嫉置公軍功不録遂棄官歸隱青田山中著郁離子以寓志時義兵從之甚衆客有説公據全越晝江而守者公曰吾嘗憤方國珍張士誠等所爲今用子計與彼何殊耶且天命將有歸子姑待焉會太祖定括蒼聞公名遣總制官孫炎聘之遂由間道詣金陵歷官至御史中丞洪武初論佐命功封誠

明三十家詩選初集卷一　一

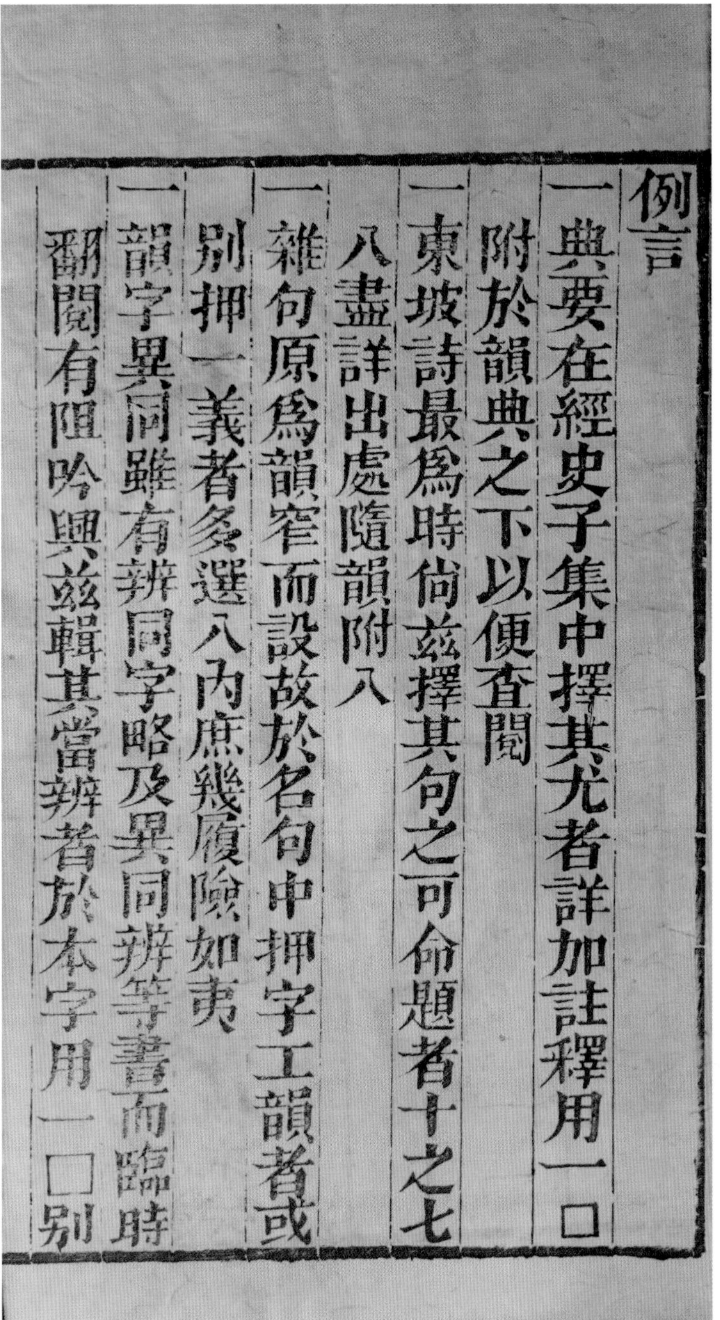

例言

一典要在經史子集中擇其尤者詳加註釋用一口附於韻典之下以便查閱

一東坡詩最爲時尚玆擇其句之可命題者十之七八盡詳出處隨韻附入

一雜句原爲韻窄而設故於名句中押字工韻者或別押一義者多選入內庶幾履險如夷

一韻字異同雖有辨同字略及異同辨等書而臨時翻閱有阻吟興玆輯其當辨者於本字用一口別

增訂銅板詩韻集成十卷（清）余照輯
清光緒四年（1878）寶興堂刻本

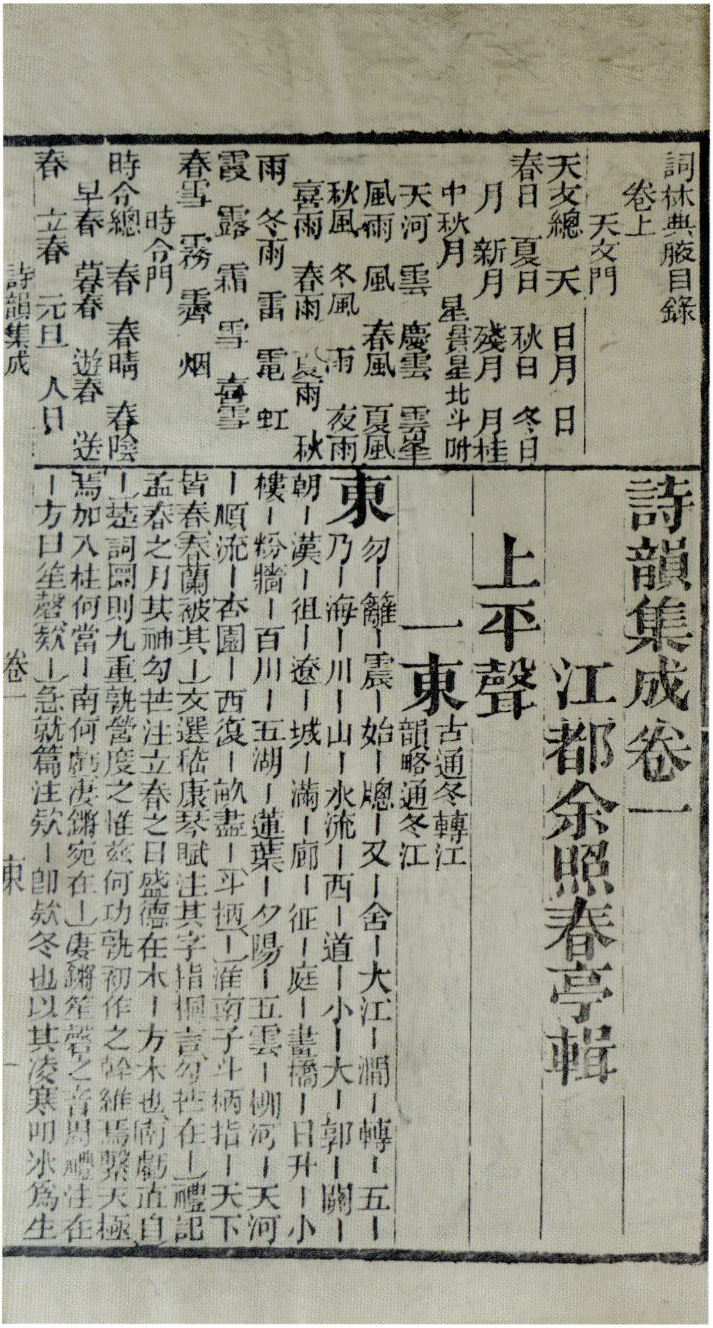

詞林典腋目錄

卷上

天文門

天文總　天　日月　日

春日　夏日　秋日　冬日

月　新月　殘月　月桂

中秋月　星　景星　北斗附

天河　雲　慶雲　雲峯

風雨　風　春風　夏風

秋風　冬風　雨　夜雨

喜雨　春雨　長雨　秋

雨　冬雨　雷　電　虹

霞　露　霜　雪　喜雪

春雪　霧　霽　烟

時令門

時令總　春　春晴　春陰

早春　暮春　遊春　送

春　立春　元旦　人日

詩韻集成

詩韻集成卷一

江都余照春亭輯

上平聲

一東 古通冬轉江 韻略通冬江

東 匆｜籬｜震｜始｜總｜叉｜舍｜大江｜澗｜轉｜五｜
乃｜海｜川｜山｜水流｜西｜道｜小｜大｜郭｜關｜
朝｜漢｜徂｜遼｜城｜滿｜廊｜征｜庭｜畫橋｜日升｜小
樓｜粉牆｜百川｜五湖｜蓮葉｜夕陽｜五雲｜柳河｜天河
｜順流｜杏園｜西復｜畝盡｜斗插〔淮南子斗柄指｜天下
皆春〔春蘭被其｜〕文選嵇康琴賦注其字指楓言勿芒在｜禮記
孟春之月其神勾芒注立春之日盛德在木｜方木也蔚戲直自
｜〕楚詞圓則九重孰營度之惟茲何功孰初作之斡維焉繫天極
焉加入柱何當｜南何虧凌谿宛在｜凌谿笙營之音與禮注在
｜方曰笙聲欸｜急就篇注欸｜即欸冬也以其凌寒叩冰爲生

卷一　東　一

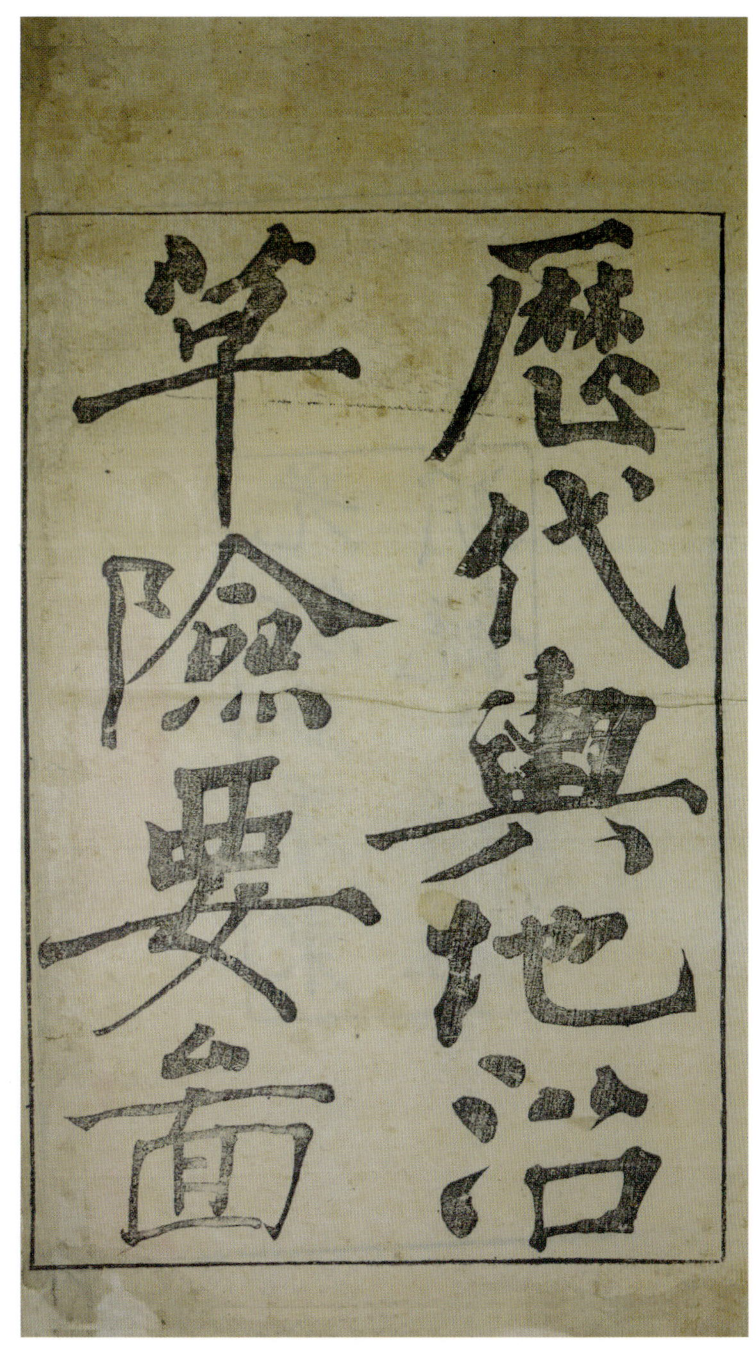

歷代輿地沿革險要圖（清）楊守敬撰
清光緒五年（1879）東湖饒氏刻本

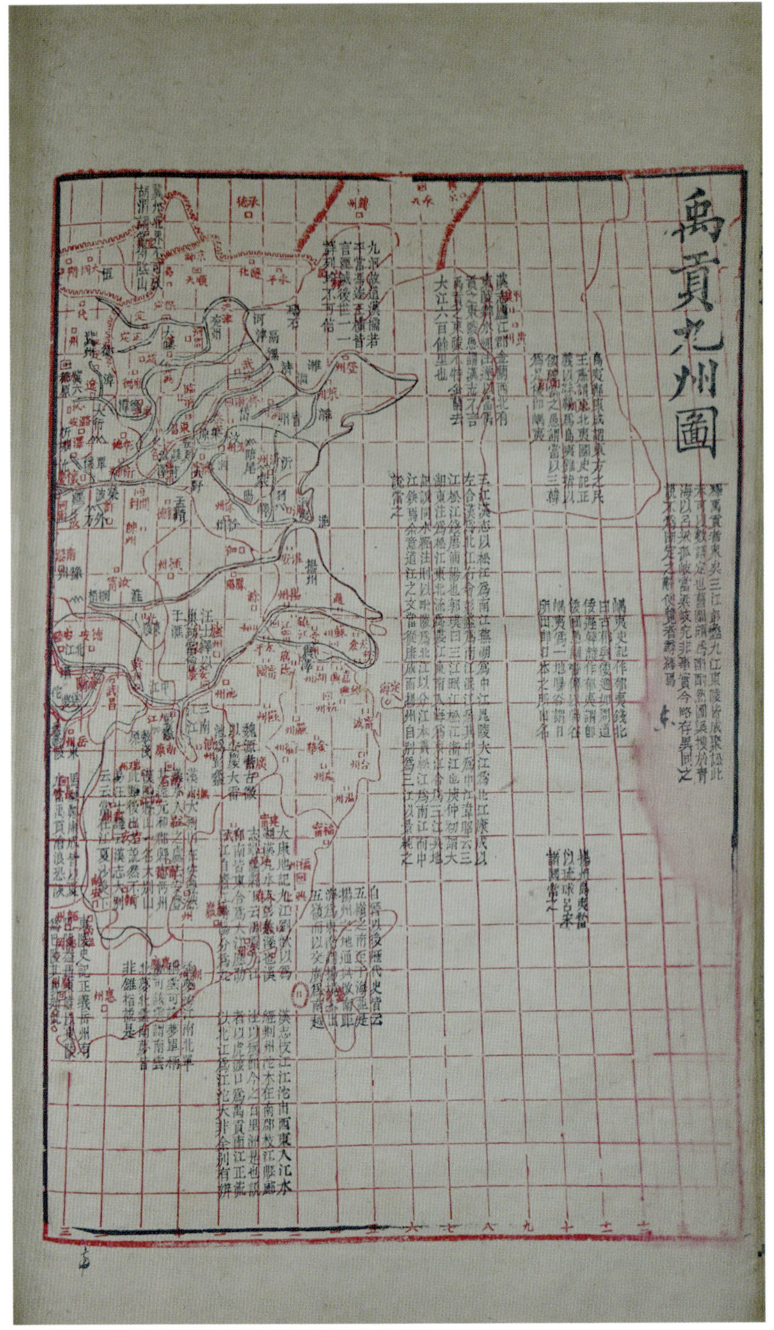
禹貢九州圖

五種遺規十六卷（清）陳宏謀編輯
清光緒六年（1880）刻本
包括：養正遺規二卷補編一卷、教女遺規三卷、訓俗遺規四卷、從政遺規二卷、在官法戒錄四卷
郭沫若紀念館存十四卷

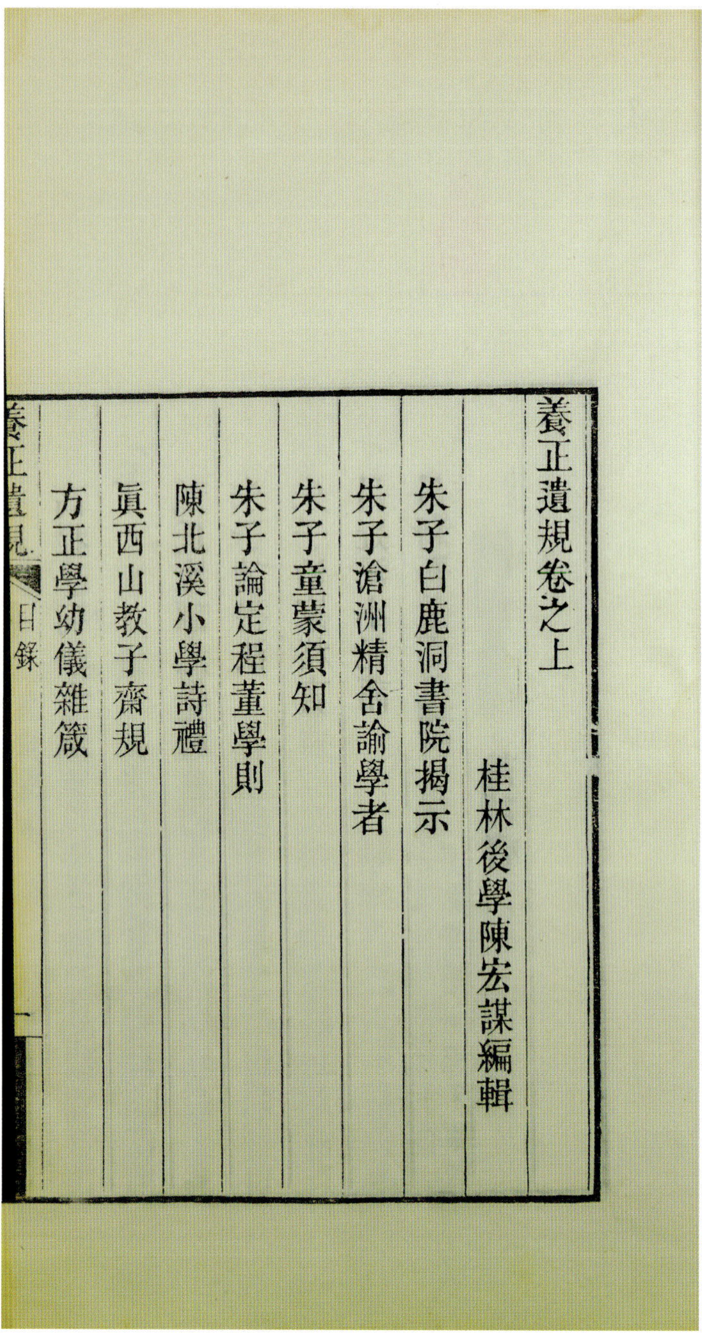
養正遺規卷之上

桂林後學陳宏謀編輯

朱子白鹿洞書院揭示
朱子滄洲精舍諭學者
朱子童蒙須知
朱子論定程董學則
陳北溪小學詩禮
眞西山教子齋規
方正學幼儀雜箴

養正遺規　目録　一

弟子職集解不分卷（清）莊述祖輯
清光緒七年（1881）四川鹽茶道署重刻本

弟子職集解

武進莊述祖輯

弟子職在管子書、古者家塾教弟子之法漢藝文志附石渠論爾雅後、蓋以禮家未之采錄、故特著之六藝有說三篇今佚案別錄有子法世子法弟子職記弟子事師之儀節、受業之次敘亦曲禮少儀之支流餘裔也、漢建初論五經引弟子職、鄭康成每據以說禮、當時尤重之與六藝同、今以附禮家之後其說蓋闕焉注管子者或云房元齡或云尹知章、要是唐人舊注猶不失詁訓之恉、朱子儀禮經傳通解載弟子職亦采舊注間有與世所傳劉績補注同者不能復爲別出近洪北江編修所撰弟子職箋釋徵引尤博、今並錄之稍有所增演名曰集解猶裴龍駒之史記本之徐廣也、又注疏所引弟子職文與義多異同、彼此可以互證取便童子講授、故

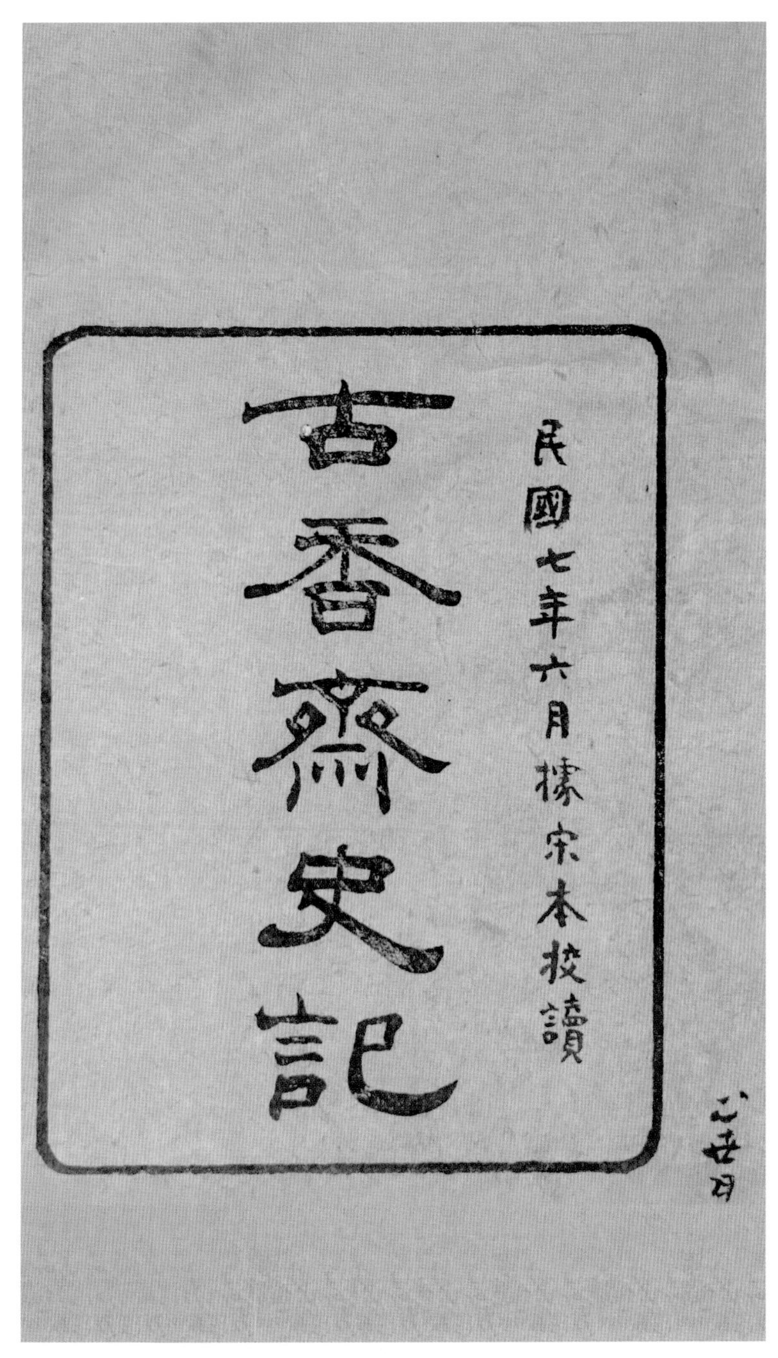

古香齋鑒賞袖珍史記一百三十卷（漢）司馬遷撰（南朝宋）裴駰集解（唐）司馬貞索隱（唐）張守節正義

清光緒八年（1882）刻本

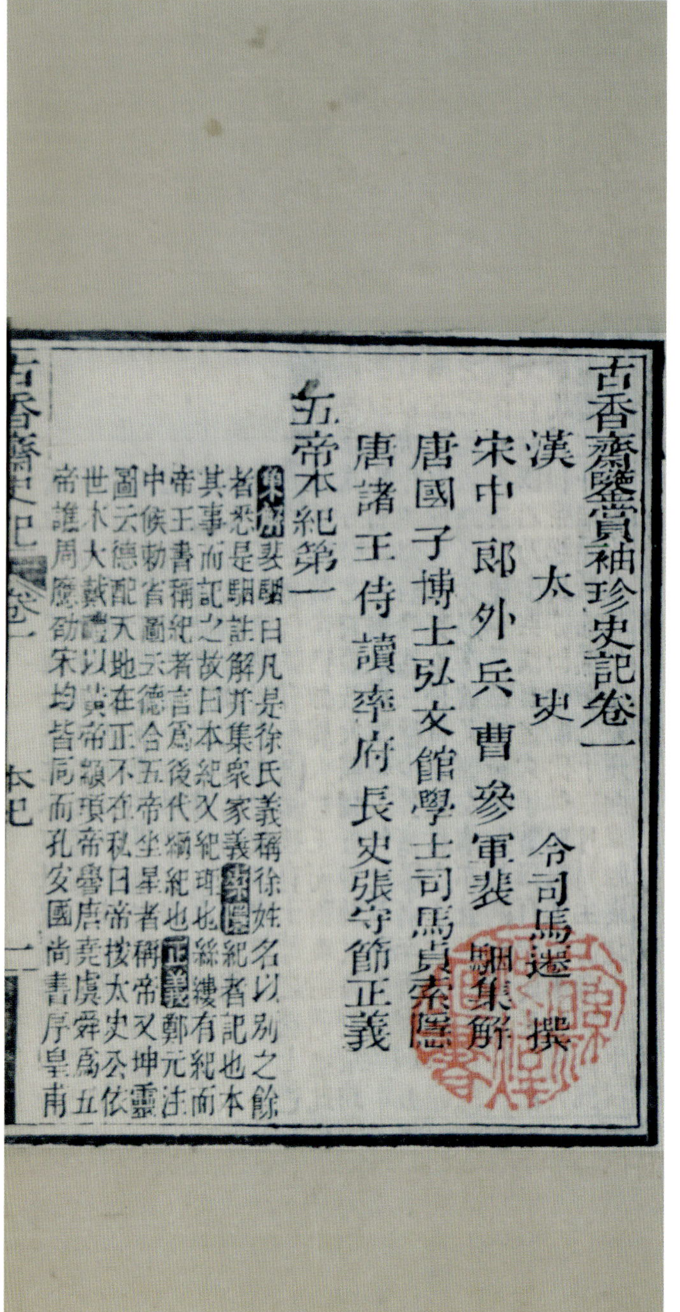

古香齋鑒賞袖珍史記卷一

漢　太　史　令司馬遷　撰

宋中郎外兵曹參軍裴駰集解

唐國子博士弘文館學士司馬貞索隱

唐諸王侍讀率府長史張守節正義

五帝本紀第一

集解裴駰曰凡是徐氏義稱徐姓名以別之餘者悉是駰註解并集衆家義索隱紀者記也本其事而記之故曰本紀又紀理也絲縷有紀而帝王書稱紀者言爲後代綱紀也正義鄭玄注中候敕省圖云德合五帝坐星者稱帝又坤靈圖云德配天地在正不在私曰帝按太史公依世本大戴禮以黄帝顓頊帝嚳唐堯虞舜爲五帝譙周應劭宋均皆同而孔安國尚書序皇甫

古香齋史記　卷一　本紀　一

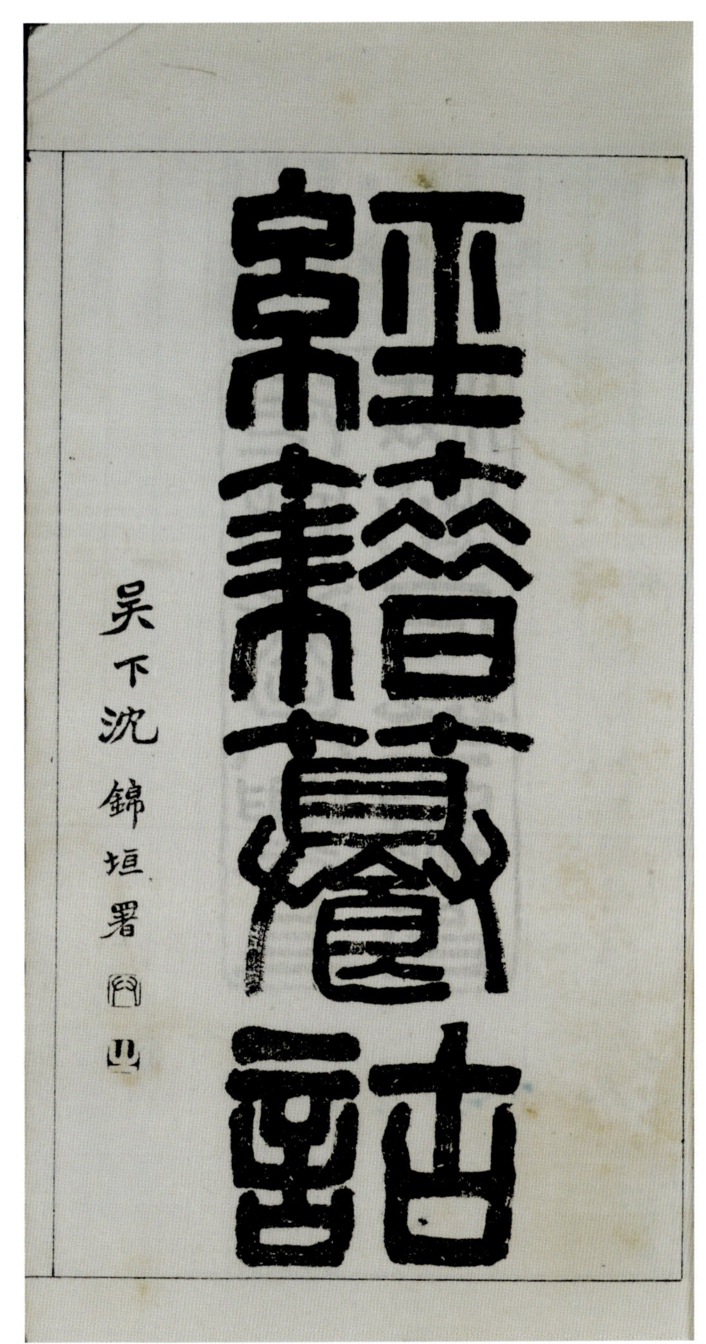
經籍籑詁

吳下沈錦垣署

經籍籑詁五卷（清）阮元等撰集
清光緒九年（1883）上海點石齋縮印本

經籍籑詁　上平聲

一東　臣阮元譔集

東｜動也廣雅釋詁一又漢書律厤志上○｜者動也續漢書五行志注引風俗通○｜方者動方也物之動也藝文類聚歲時部上引書大傳○｜方者動方也萬物始動生也白虎通五行○｜方者陽氣始動萬物始生同上○｜方天下皆生也同上○｜方者陽也白虎通情性○｜方木也論衡形勢○｜方者木春秋繁露五行相生○｜方者木也白虎通五行○｜風木風也淮南覽冥故｜風至而酒湛溢注○虞爲｜易既濟｜鄰殺牛虞注○｜者日之初素問五運行大論｜方生風注○｜君日也廣雅釋天○｜宮世子也呂覽當賞人之在｜宮之時注○｜郊農郊也呂覽仲春命田舍｜郊注○｜洛邑也詩車攻駕言徂｜傳○｜｜藩魯國也詩閟宮傳侯子｜箋○｜方齊也詩烝民城彼｜方傳○｜人譚人也詩大東｜人之子傳○｜籠與凍瀧同蜀子讖匠稱種｜龜而退耳注○漢書古今人表｜不訾辭子誠疑作董不識

同｜合也儀禮少牢饋食禮｜祭于豆祭注又漢書地理志上集注又呂覽精諭天符｜也注○未｜志未合也孟子滕文公下未｜而言注○共也周禮司市以泉府｜貨而斂賒注又左氏成元年傳是齊楚｜我也注○｜猶共也大元闡方｜九州注○｜齊也詩車攻我馬既｜傳又後漢馬融傳注○｜偷齊也周禮大司徒六曰｜衣服注○｜聚也詩吉日殺之所｜箋○｜亦聚也文選東京賦殷之所｜薛注○既｜言已聚也詩豳風我稼既｜箋○皆也廣雅釋詁三○｜猶俱也詩七月我婦子｜○｜等｜猶一也國語周語其惠足以｜其民人注○｜注也呂覽審己竊當與不知注愛無除民之害｜｜○｜和呂覽君守譽世別聲而無不｜注○｜和｜也易同人釋文○｜謂和｜也周書成開眾和乃｜注○｜和合也禮記樂記○樂統｜注○｜猶和也平也禮記禮運是謂大｜注○｜猶平之也禮記月令

｜度量注○｜之言調也禮記祭統鋪筵設｜几注○｜猶通山海經海內經伯陵｜吳權之妻阿女｜緣婦注○｜謂協好惡也禮記樂記｜禮者謂｜注○｜謂｜威其不協僭差者也周禮大宗伯以軍禮｜邦國注○｜人親也易雜卦傳○大甲謂完堅齊等管子大匡｜甲十萬注○共處曰｜國語鄭語以｜於王庭注○一｜之心不二曰｜國語周語可觀｜下注○好惡不姝○謂之｜不後漢劉梁傳○｜者大｜天下注書顯命上宗奉｜瑁馬注○異爲｜易象上傳｜人于野度注象下傳其志不｜桑注繫辭上傳二人心成注○凡二｜故言｜｜公羊莊四年傳其餘人從｜注○｜方百里周禮小司徒注引司馬注｜一方｜百里爲｜考工記匠人爲溝洫又淮南本經諸侯｜方百里方百里爲一｜左昭廿三年傳土不過同注｜地方百里曰｜｜國語楚語封不備一同注又｜語正論列國一｜注○十終爲｜周禮小司徒注引司馬法○殷見曰｜周禮大宗伯又詩車攻會同有繹傳又周禮大宗伯注又論語先進如會｜鄭注○殷見曰｜朝觀會同禮行人殷｜以施天下之政注○般朓曰｜後漢班彪傳注○｜除律也周禮春官序官注○爵名書顯命下注上宗奉｜瑁傳○｜酒｜杯書序官注鄭注○故書作銅周禮典同掌六律六｜之和注○周禮大司樂掌六律六｜漢書郊祀志下作六律六鍾○左氏成二年傳｜｜叔子史記齊世家作藝桐叔子○國語鄭語以｜子王庭漢書五行志下之上作止於夏廷

銅｜陰也周禮典同以辨天地四方陰陽之聲以爲樂器司農注○｜梁山名文選蜀都賦外負｜梁於宕渠劉注○｜｜人即金狄也文選西征賦金狄遷於瀟川注○｜貴即駱越也水經溫水注○史記仲尼弟子傳｜鞮伯華大戴記衛將軍文子作桐提

桐｜｜痛也廣雅釋詁二○｜者痛也白虎通喪服○｜洞也法言學行｜｜子之命也注○｜山者險也白虎通喪服○｜｜｜也山海經北山經｜山其下多｜○據注又呂覽季春｜始華注又淮南時則｜始華注○｜地名也書序伊尹放諸｜鄭注○｜陵｜湯葬地也書序伊尹放諸｜傳○｜山名也楚辭哀時命望閭○風之板｜注○｜讀爲通漢書禮樂志集注○漢史晨後碑｜｜車馬於瀆上通作｜

童｜使也廣雅釋詁一○｜獨也易觀｜觀釋文引馬注○｜錯○盛也廣雅釋訓○｜寡有大元衡○｜無知大元｜昏○蒙見眾謂之懿反悔爲｜山窟子道衡頑○｜昏固陋也國語鄭語而近頑｜｜賈固注○山無草木曰｜釋名釋長幼又荀子王制｜山不｜而百姓有餘材也注又管子侈靡｜不｜而用聽注○｜無草木也文選吳都賦○｜｜劉注○｜未土地無草木也莊子徐無鬼｜土之地釋文○若云成人之稱也禮記雜記｜稱陽｜某甫注○小｜注○成未成人也禮記曲禮下自稱於其君曰小｜八歲以｜十五以上禮記內則成｜舞象注○｜｜小歲以上穀梁昭十九年傳羈貫成｜注○｜牙謂幼小也後漢崔駰傳注○｜未冠者之稱也禮記檀弓下與其鄭注注又禮記｜子未冠之稱也禮記喪服記又論語子唯｜當室注○玉藻｜子之飾也禮記注少儀｜先進｜六七人又皇疏記○｜子人之稱禮記注｜子曰踐事子注又孟子滕文公下有｜子以黍肉餉注○｜子若寺人之等也釋名釋長幼｜夕禮記｜子執｜女子之末笄者｜稱名釋長幼○記｜妾也易大畜｜牛之牿釋文引劉注○｜牛無角之牛也易大畜｜牛之告處注○｜牛無角牛也易大畜釋文○羊無角者也詩抑彼｜而角傳○牛羊之無角者曰｜釋名釋長幼○｜子刀謂小刀也後漢南匈奴傳注○良爲｜易觀｜觀釋文大畜｜牛之告處注○穜稼謂之｜容小雅廣服○｜富作同列子黃帝狀不必｜而智｜注○左氏成十七年傳晉｜子內傳下作胥僮又易蒙｜蒙釋文｜字書作僮記曲禮曰小｜釋文｜本作僮○易大畜｜牛釋文｜蒙又史記建元以來王子侯者年表曰故重也一作千｜鑑水經淇水注○諡語晉語｜亦曰晉之昧

侗｜稚也廣雅釋言○｜癡也廣雅釋詁三○｜無知國語晉語｜昏不可使謀注○｜｜蒙不達也國語魯語使｜子備官而未之聞邪注○｜｜敬也詩采薇被之｜｜傳○｜僮也後漢馮衍傳注○｜御皆使者也後漢明德馬皇后紀注○｜奴婢也史記貨殖傳｜手指千集解○｜者婢妾之總稱漢書衛青傳注○禮記射義｜｜釋文本作童

經籍籑詁　一東　一　上平聲

欽定淵鑑類函（清）張英等編
清光緒九年（1883）上海點石齋石印本

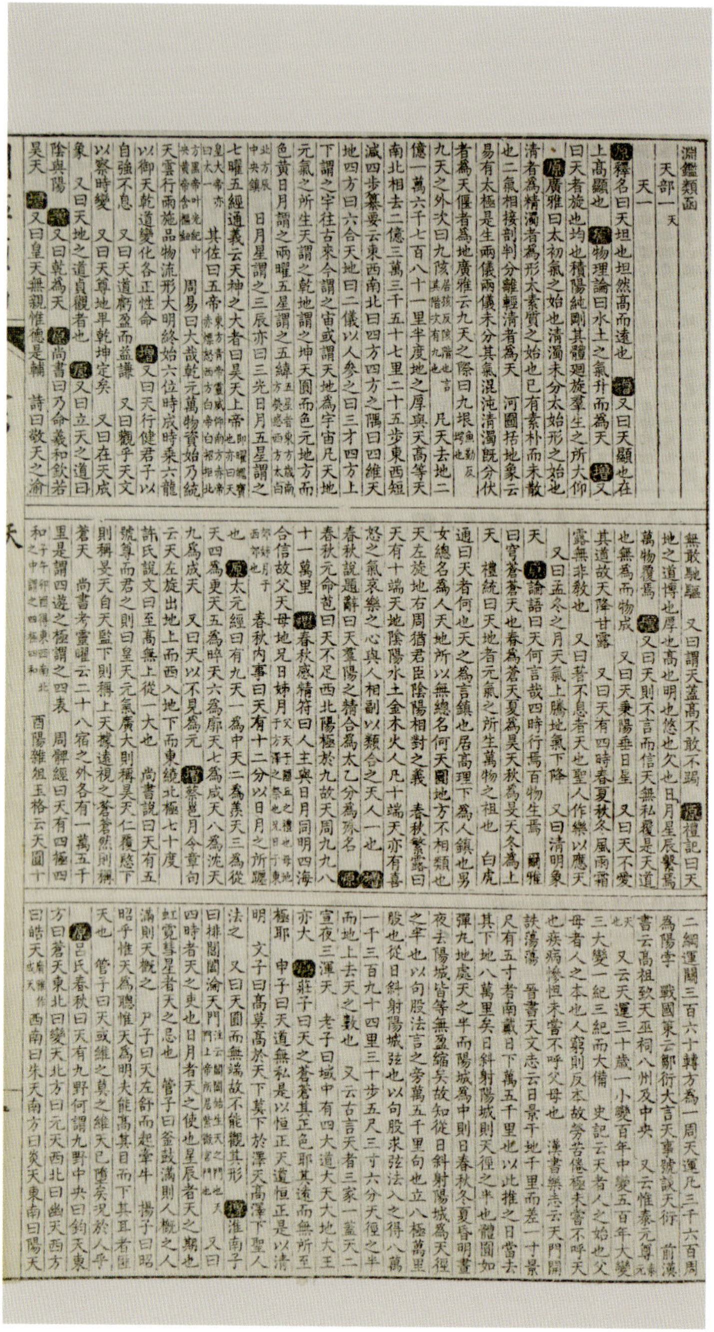

淵鑑類函

天部一　天

天一

【原】釋名曰天坦也坦然高而遠也【增】又曰天顯也在上高顯也【增】物理論曰水土之氣升而爲天【增】又曰天者旋也均也積陽純剛其體廻旋羣生之所大仰【原】廣雅曰太初氣之始也清濁未分太始形之始也清者爲精濁者爲形太素質之始也已有素朴而未散也二氣相接剖判分離輕清者爲天　河圖括地象云易有太極是生兩儀兩儀未分其氣混沌清濁既分伏者爲天偃者爲地廣雅云九天之際曰九垠（魚勤反垠崿也）九天之外次曰九陔（居孩反陔階也言其階次有九也）　凡天去地二億一萬六千七百八十一里半度地之厚與天高等天南北相去二億三萬三千五十七里二十五步東西短減四步纂要云東西南北曰四方四方之隅曰四維天地四方曰六合天地曰二儀以人參之曰三才四方上下謂之宇往古來今謂之宙或謂天地爲宇宙凡天地元氣之所生天謂之乾地謂之坤天圓而色元地方而色黃日月謂之兩曜五星謂之五緯（五星者東方歲南方熒惑西方太白北方辰中央鎮）　日月星謂之三辰亦曰三光日月五星謂之七曜五經通義云天神之大者曰昊天上帝（即曜魄寶也亦曰天皇大帝亦曰太一）　其佐曰五帝（東方青帝靈威仰南方赤帝赤熛怒西方白帝白招拒北方黑帝叶光紀中央黃帝含樞紐）　周易曰大哉乾元萬物資始乃統天雲行雨施品物流形大明終始六位時成時乘六龍以御天乾道變化各正性命【增】又曰天行健君子以自強不息　又曰天道虧盈而益謙　又曰觀乎天文以察時變　又曰天尊地卑乾坤定矣　又曰在天成象　又曰天地之道貞觀者也【原】又曰立天之道曰陰與陽【增】又曰乾爲天【原】尚書曰乃命羲和欽若昊天【增】又曰皇天無親惟德是輔　詩曰敬天之渝無敢馳驅　又曰謂天蓋高不敢不蹐【原】禮記曰天地之道博也厚也高也明也悠也久也日月星辰繫焉萬物覆焉【增】又曰天則不言而信天無私覆是天道也無爲而物成　又曰天秉陽垂日星　又曰天不愛其道故天降甘露　又曰天有四時春夏秋冬風雨霜露無非教也　又曰著不息者天也聖人作樂以應天　又曰孟冬之月天氣上騰地氣下降　又曰清明象天【原】論語曰天何言哉四時行焉百物生焉　爾雅曰穹蒼蒼天也春爲蒼天夏爲昊天秋爲旻天冬爲上天　禮統曰天地者元氣之所生萬物之祖也　白虎通曰天者何也天之爲言鎮也居高理下爲人鎮也男女總名爲人天地所以無總名何天圓地方不相類也天左旋地右周猶君臣陰陽相對之義　春秋繁露曰天有十端天地陰陽水土金木火人凡十端天亦有喜怒之氣哀樂之心與人相副以類合之天人一也【增】春秋說題辭曰天羣陽之精合爲太乙分爲殊名【原】春秋元命苞曰天不足西北陽極於九故天周九九八十一萬里【增】春秋感精符曰人主與日月同明四海合信故父天母地兄日姊月（父天于圜丘之禮也母地于方澤之祭也兄日于東郊姊月于西郊也）　春秋內事曰天有十二分以日月之所躔也【原】太元經曰有九天一爲中天二爲羨天三爲從天四爲更天五爲晬天六爲廓天七爲咸天八爲沈天九爲成天　又曰天以不見爲元【增】蔡邕月令章句云天左旋出地上而西入地下而東繞北極七十度　許氏說文曰至高無上從一大也　尚書說曰天有五號尊而君之則曰皇天元氣廣大則稱昊天仁覆愍下則稱旻天自天監下則稱上天據遠視之蒼蒼然則稱蒼天　尚書考靈曜云二十八宿之外各有一萬五千里是謂四遊之極謂之四表　周髀經曰天有四極四和（子午卯酉得東西南北之中謂之四極四和）　酉陽雜俎玉格云天圓十二綱運關三百六十轉方爲一周天運凡三千六百周爲陽孛　戰國策云鄒衍大言天事號談天衍　前漢書云高祖致天巫祠八州及中央　又云惟泰元尊（泰元天也）　又云天運三十歲一小變百年中變五百年大變三大變一紀三紀而大備　史記云天者人之始也父母者人之本也人窮則反本故勞苦倦極未嘗不呼天也疾病慘怛未嘗不呼父母也　漢書樂志云天門開詄蕩蕩　晉書天文志云日景千里而差一寸景尺有五寸者南戴日下萬五千里也以此推之日當去其下地八萬里矣日斜射陽城則天徑之半也體圓如彈丸地處天之半而陽城爲中則日春秋冬夏昏明晝夜去陽城皆等無盈縮矣故知從日斜射陽城爲天徑之半也以句股法言之旁萬五千里句也立八極萬里股也從日斜射陽城弦也以句股求弦法入之得八萬一千三百九十四里三十步五尺三寸六分天徑之半而地上去天之數也　又云古言天者三家一蓋天二宣夜三渾天　老子曰域中有四大道大天大地大王亦大【增】莊子曰天之蒼蒼其正色耶其遠而無所至極耶　申子曰天道無私是以恒正天道恒正是以清明　文子曰高莫高於天下莫下於澤天高澤下聖人法之　又曰天圓而無端故不能觀其形【增】淮南子曰排閶闔淪天門（注云閶闔始生天之門也天門上帝所居紫微宮門也）　又曰四時者天之吏也日月者天之使也星辰者天之期也虹霓彗星者天之忌也　管子曰釜鼓滿則人概之人滿則天概之　尸子曰天左舒而起牽牛　揚子曰昭昭乎惟天爲聰惟天爲明夫能高其目而下其耳者匪天也　管子曰天或維之莫之維天已墮矣況於人乎【原】呂氏春秋曰天有九野何謂九野中央曰鈞天東方曰蒼天東北曰變天北方曰元天西北曰幽天西方曰皓天（[illegible]作[illegible]天）　西南曰朱天南方曰炎天東南曰陽天

益都金石記四卷（清）段松苓撰
清光緒九年（1883）益都丁氏刻本

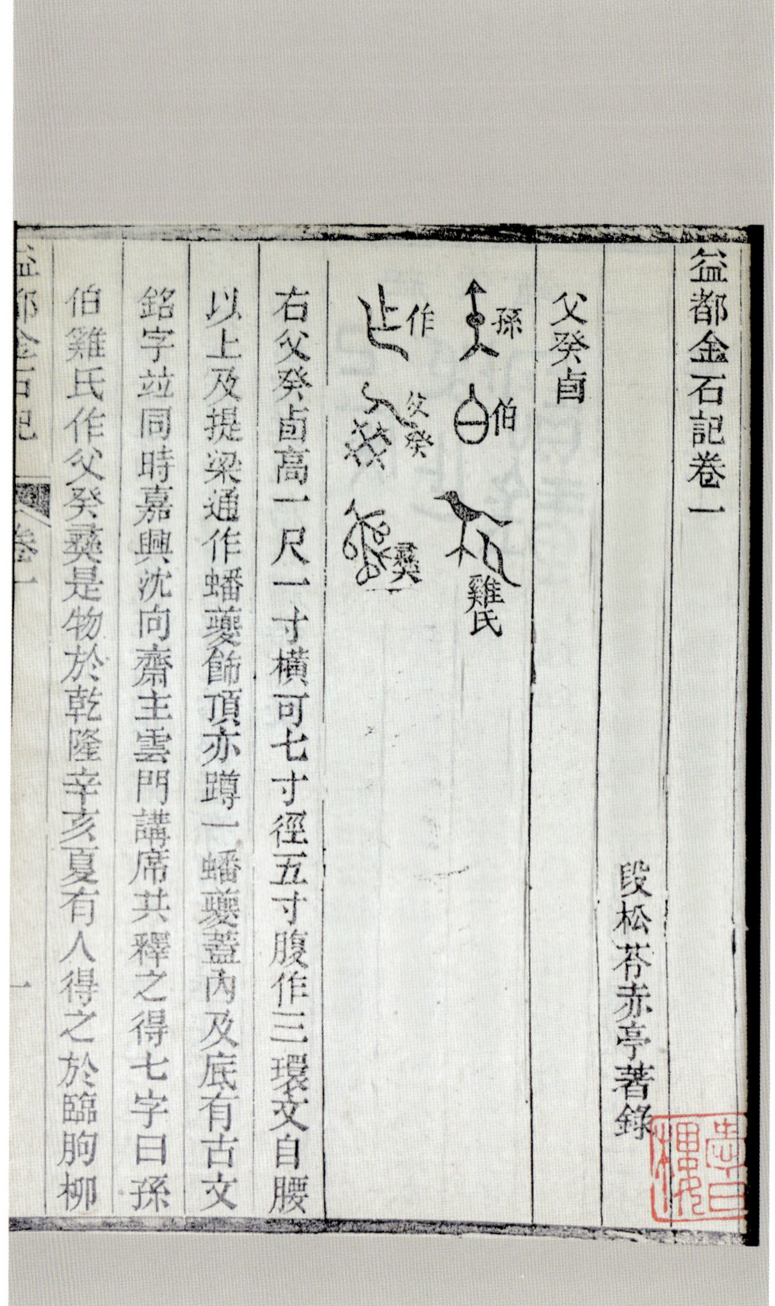

益都金石記卷一

段松苓赤亭著録

父癸卣

右父癸卣高一尺一寸横可七寸徑五寸腹作三環文自腰以上及提梁通作蟠夔飾頂亦蹲一蟠夔蓋內及底有古文銘字竝同時嘉興沈向齋主雲門講席共釋之得七字曰孫伯雞氏作父癸彝是物於乾隆辛亥夏有人得之於臨朐柳

益都金石記　卷一　一

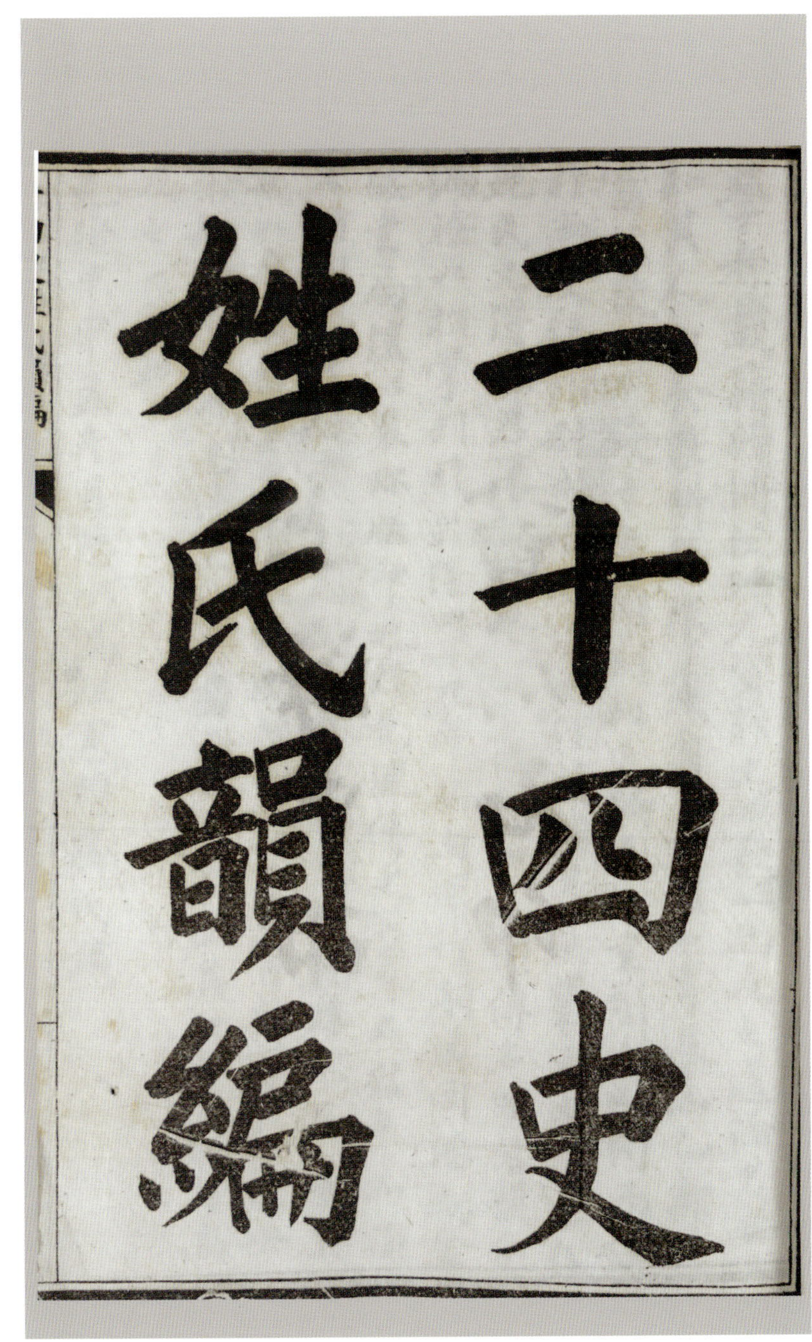

二十四史姓氏韻編六十四卷（清）汪輝祖輯（清）馮祖憲重校
清光緒十年（1884）上海中西書局石印本
郭沫若紀念館存十四卷

史姓韻編卷一

蕭山汪輝祖煥曾輯

趙翼[illegible]校

東

東郊　明史卷一百九十二附張日韜傳目無名正德時應天巡按御史

東方

東方朔　史記卷一百二十六滑稽傳齊人　前漢書卷六十五字曼倩平原厭次人

東方顥　唐書卷二百附儒學趙冬曦傳目無名不詳所自官校理以上書忤旨左遷高安丞

東郭

東郭先生　史記卷一百二十六滑稽傳齊人

東郭延年　後漢書卷一百十二下附方伎甘始傳目無名注字公游

東門

東門雲　前漢書卷八十八附儒林嚴彭祖傳目無名不書所自受公羊春秋爲荆州刺史

東野

東野宣　宋史卷四百五十六附孝義裘承詢傳目無名曲阜人同五六世居有節行

終

終軍　前漢書卷六十四下字子雲濟南人仕諫大夫年二十餘死世謂之終童

宏　廟諱　敬避

宏恭　前漢書卷九十三附佞倖石顯傳目無名沛人坐法腐刑宣帝時爲中書令

种

种暠　後漢書卷八十六字景伯河南洛陽人仲山甫之後

种岱　附暠傳暠子字公祖

种拂　附暠傳暠子字景伯

种劭　附暠傳暠子字申甫

种世衡　宋史卷三百三十五字仲平放兄子

种診　隋世衡傳目無名世衡三子與古諤俱有將材關中號曰三种

种古　附世衡傳世衡長子字大質

种諤　附世衡傳世衡次子字子正

种誼　附世衡傳世衡幼子字壽翁

种朴　附世衡傳世衡孫

种師道　附世衡傳世衡孫字彝叔

种師中　附世衡傳世衡孫字端孺

种放　宋史卷四百五十七隱逸傳字名逸河南洛陽人自號雲溪醉侯

童

童恢　後漢書卷一百六循吏傳字漢宗琅邪姑幕人

童仲玉　附恢傳目名無恢父

童翊　附恢傳目無名恢弟字漢文名高於恢

童升　宋史卷四百五十六附孝義裘承詢傳目無名兗州人五世同居

童貫　宋史卷四百六十八宦者傳不知所自少出李憲之門

童存德　明史卷一百六十七附王佐傳目無名字居敬蘭谿人

童柷　明史卷一百九十五附王守仁傳目無名瑞州通判

童琦　明史卷一百八十附汪奎傳目無名蘭谿人

童漢臣　明史卷二百十附謝瑜傳錢塘人

童元鎮　明史卷二百四十七附李應祥傳桂林右衛人

經籍訪古志序

目錄之學自劉歆七略始漢書藝文志因之隋唐諸史沿襲其例宋以來私家著錄者尤夥晁公武讀書志陳振孫書錄解題其卓卓者也學古之士藉以驗存佚辨眞贋核同異爲益匪尠然如通志藝文略標舉名目無所詮釋別開尤袤遂初堂一派讀者病其太簡焉日本與我同文海程甚近以故秘書珍帙往往流傳日人藤佐世嘗著見在書目距今百年書皆散佚不可復問近澀江全善森立之復作經籍訪古志繼之分經史子集四部醫

經籍訪古志六卷補遺一卷［日］澁江全善、森立之等撰
清光緒十一年（1885）印本

經籍訪古志卷第一

經部上

易類

周易六卷 明應間鈔本　狩谷氏求古樓藏

魏王弼注第一卷缺第二卷首題周易上經泰傳第二王弼注每卷末不書經注字數欄上層格内有國字鈔記每卷末朱書誓譽二字蓋卽卷中朱點人云每半葉七行行十六字界長六寸八分幅四寸九分

又 永正間鈔本　求古樓藏

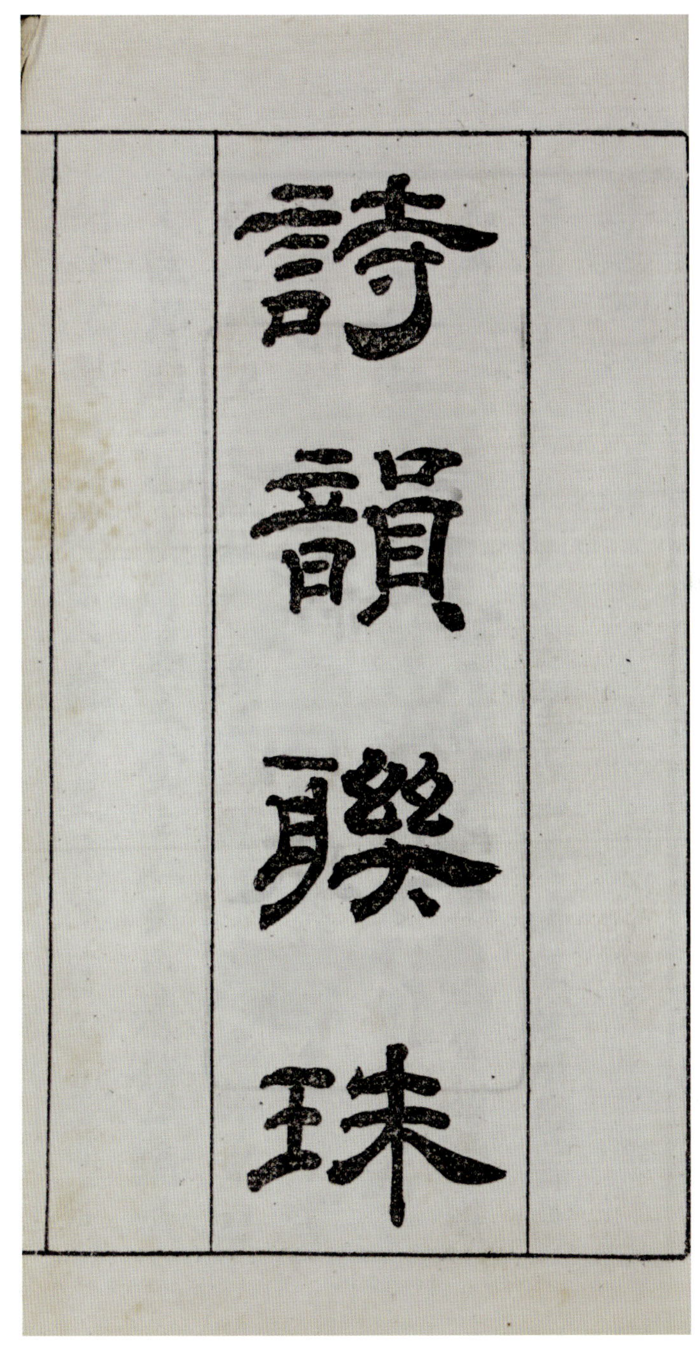

詩韻聯珠五卷

清光緒十二年（1886）西蜀善成堂印本

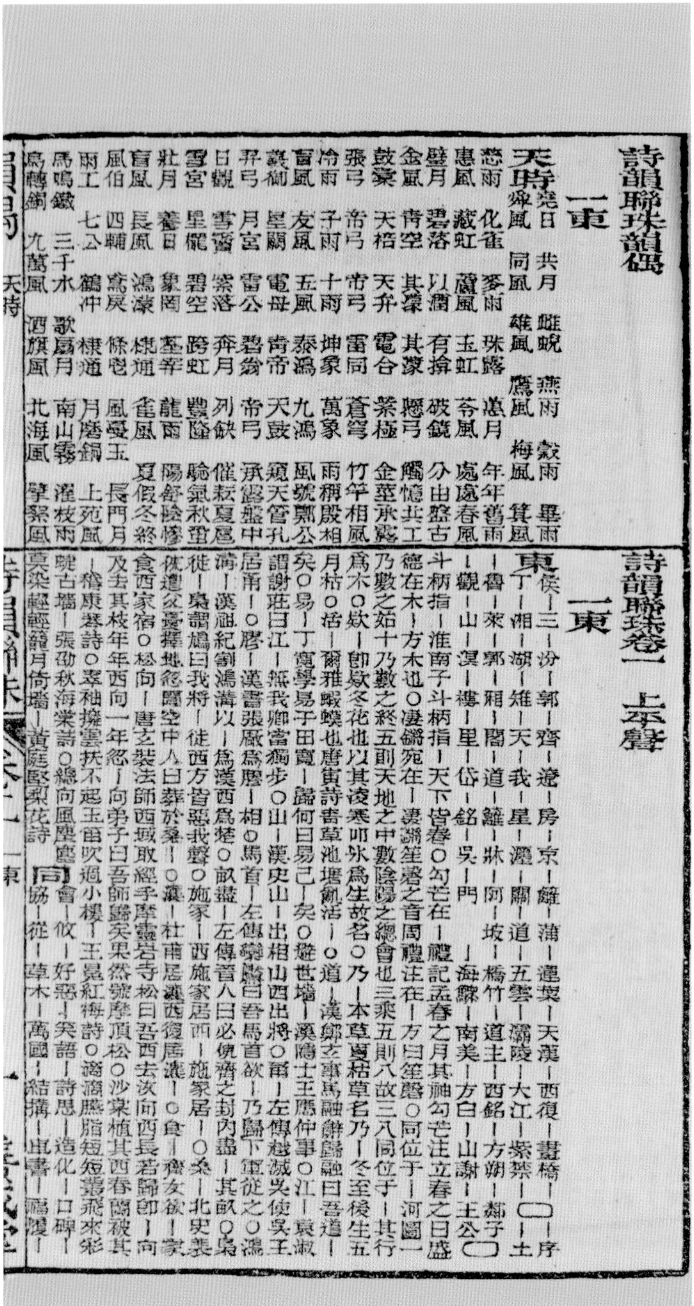

詩韻聯珠韻偶

一東

天時 堯日 共月 雌蜺 燕雨 穀雨 畢雨
舜風 同風 雄風 鷹風 梅風 箕風
慈雨 化雀 麥雨 珠露 凶月 年年舊雨
惠風 藏虹 蘊風 玉虹 苓風 處處春風
壁月 碧落 以潤 有搶 破鏡 分由盤古
金風 青空 其濛 其濛 懸弓 觸憶共工
鼓橐 天棓 天弁 電合 紫極 金莖承露
張弓 帝弓 帝弓 雷同 蒼穹 竹竿相風
冷雨 子雨 十雨 坤象 萬象 雨稱殷相
盲風 友風 五風 泰鴻 九鴻 風號鄭公
羲御 星闕 電母 青帝 天鼓 竊天管孔
弄弓 月宮 雷公 碧翁 帝弓 承露盤中
日觀 雪竇 紫落 奔月 列缺 催耘夏屋
雪宮 星儱 碧空 跨虹 豐隆 驗氣秋蛩
壯月 養日 象罔 基弃 龍雨 陽舒陰慘
盲風 長風 鴻濛 棣通 雀風 夏假冬終
風伯 四輔 窮戾 條忽 風曼玉 長門月
雨工 七公 鶴冲 棣通 月磨銅 上苑風
馬鳴鐵 三千水 歌扇月 南山霧 濯枝雨
鳥轉銅 九萬風 酒旗風 北海風 學絮風

韻偶　天時

詩韻聯珠卷一　上平聲

一東

東 侯｜三｜汾｜郭｜齊｜遼｜房｜京｜辟｜蒲｜遼｜天漢｜西復｜畫橋｜〇｜序
丁｜湘｜湖｜雉｜天｜我｜星｜遼｜關｜道｜五雲｜灞陵｜大江｜紫禁｜〇｜土
｜魯｜萊｜鄭｜稻｜閣｜道｜籬｜牀｜阿｜坡｜橋竹｜道主｜西銘｜方朔｜蕭子〇
｜觀｜山｜溟｜樓｜星｜岱｜銘｜吳｜門　｜海嶽｜南美｜方白｜山謝｜王公〇
斗柄指｜淮南子斗柄指｜天下皆春〇勾芒在｜禮記孟春之月其神勾芒注立春之日盛
德在木｜方木也〇淒鏘宛在｜淒鏘笙磬之音周禮注在｜方曰笙磬〇同位于｜河圖一
乃數之始十乃數之終五則天地之中數陰陽之總會也三乘五則八故三八同位于｜其行
為木〇欸｜即欸冬花也以其凌寒叩冰而生故名〇乃｜本草夏枯草名乃｜冬至後生五
月枯〇活｜爾雅蝦蟆也唐寅詩青草池塘亂活｜〇道｜漢鄭玄事馬融辭歸融曰吾道｜
矣〇易｜丁寬學易于田何｜歸何曰易已｜矣〇遯世｜漢隱士王應仲事〇江｜袁淑
謂謝莊曰江｜無我卿當獨步〇山｜漢史山｜出相山西出將〇甬｜左傳越滅吳使吳王
居甬｜〇膠｜漢書張敞為膠｜相〇馬首｜左傳欒黶曰吾馬首欲｜乃歸下軍從之〇鴻
溝｜漢祖紀劃鴻溝以｜為漢西為楚〇畝盡｜左傳晉人曰必使齊之封內盡｜其畝〇梟
徙｜梟謂鳩曰我將｜徙西方皆惡我聲〇施家｜西施家居西｜施家居｜〇杀｜北史裴
俠遷父憂擗地忿罵空中人曰葬於桑｜〇瀼｜杜甫居瀼西復居瀼｜〇食｜齊女欲｜家
食西家宿〇松向｜唐玄奘法師西域取經手摩靈岩寺松曰吾西去汝向西長若歸即｜向
及去其枝年年西向一年忽｜向弟子曰吾師歸矣果然號摩頂松〇沙棠植其西春爾被其
｜嵇康琴詩〇翠袖擁雲扶不起玉笛吹過小樓｜王冕紅梅詩〇滴滴臙脂短短叢飛來彩
號古墻｜張劭秋海棠詩〇總向風塵塵｜ 同 會｜攸｜好惡｜笑語｜詩思｜造化｜口碑｜
夏染輕輕籠月倚墻｜黃庭堅梨花詩 同 協｜從｜草木｜萬國｜結構｜蟲書｜霜幔｜

詩韻聯珠卷一　一東　一

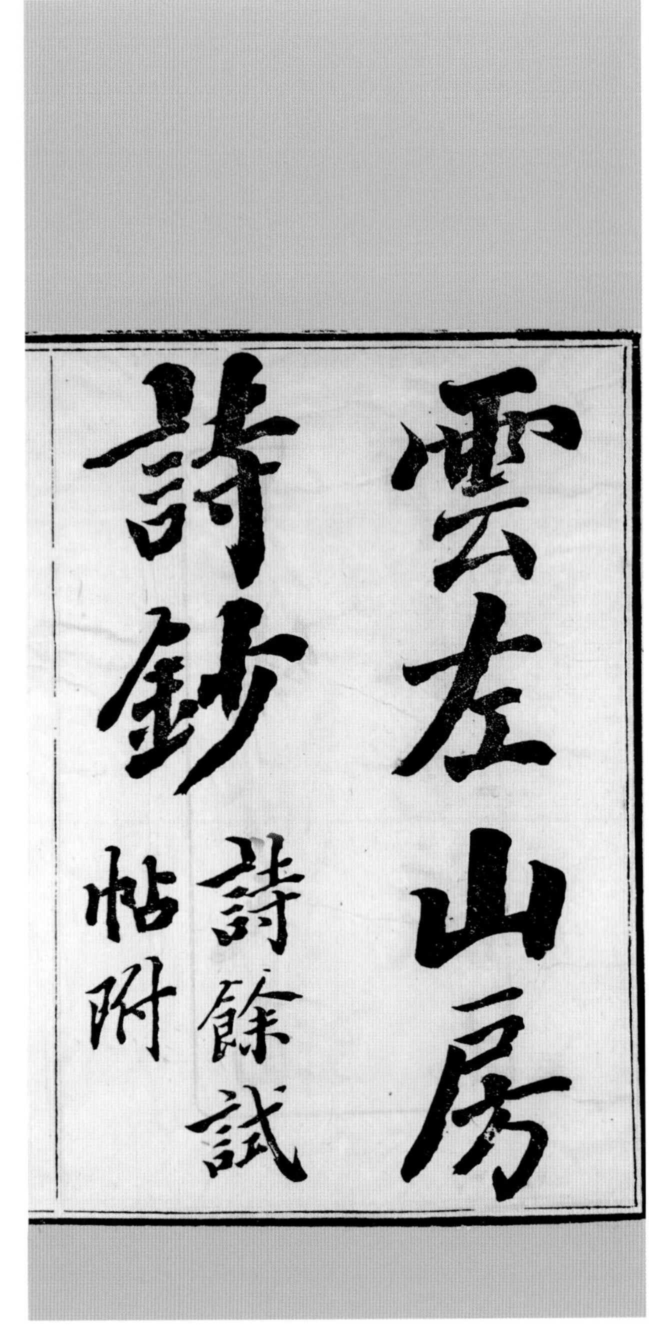

雲左山房詩鈔八卷（清）林則徐撰
清光緒十二年（1886）福州本宅刻本

雲左山房詩鈔卷一

侯官林則徐少穆

光武井

南陽真人麟鳳姿天戈奮起天所資軍行抉石得甘井前史不載異代疑繄余詣宛訪遺蹟請以辨口恢張之余聞聖泉動坤絡井汲受福占明時德及萬靈地出醴厥土衍沃兼五施流謙潤下挹不竭古稱符瑞恆臻茲矧帝降靈本白水水爲火配赤伏推景七世孫祖高祖入紹正統非旁支何物莽賊竊漢鼎鼃聲紫色天人欺樊崇秦豐子都輩但與草寇爭雄雌帝申天誅復炎祚日月舒燿乾坤彝滹沱渡軍冰忽合順水走險駒能馳

詳注聊齋志異圖詠十六卷（清）蒲松齡著（清）呂湛恩注
清光緒十二年（1886）上海同文書局石印本

詳註聊齋志異圖詠卷一

淄川　蒲松齡　留仙　著

文登　呂湛恩　叔清　註

考城隍

予姊夫之祖。宋公諱燾。邑廩生。一日病臥。見吏持牒。牽白顛馬詩秦風有馬白顛傳白顛額有白毛今謂之的顙來云。請赴試。公言文宗詩源指訣陳子昂作感遇詩三十八首王適見之曰海內文宗也未臨。何遽得考。吏不言。但敦促之。公力疾乘馬從去。路甚生疎。至一城郭。如王者都。移時入府廨。宮室壯麗。上坐十餘官。都不知何人。惟關壯繆漢後帝建興七年追謚帝壯繆宋高宗建炎三年加封壯繆義勇武安王孝宗淳熙十四年加封壯繆義勇武安英濟王郭子章謂繆與穆通可識。簷下設几墩各二。先有一秀才坐其末。公便與連肩。几上各有筆札。前漢司馬相如傳請為天子遊獵之賦賦成奏之上許令尚書給筆札按札木簡之薄者也又櫛也編之櫛齒相比也見釋名俄題紙飛下。視之。八字云。一人二人。有心無心。二公文成。呈殿上。公文中有云。有心為善。雖善不賞。無心為惡。雖惡不罰。諸神傳贊不已。召公上。諭曰。河南缺一城隍。王敬哉冬夜箋記城隍之名見於易若廟祀則莫究其始記曰天子大蜡八伊耆氏始蜡注伊耆堯也蓋蜡八神水庸居七水隍也庸城也此正祭城隍之始○按城隍廟之神邱文莊以為祀於開元之後不知蕪湖建祠昉於赤烏武陵修祠著之民吏困學紀聞云北齊慕容儼鎮郢城時城中先有神祠號城隍神則六朝已有之矣君稱其職。公方悟。頓首泣曰。辱膺寵命。何敢多辭。但老母七旬。奉養無人。請得終其天年。韓萊老母令以天年終惟聽錄用。上一帝王像者。即令稽母壽籍。有長鬚吏捧冊翻閱一過。白有陽算九年。共躊躇間。關帝曰。不

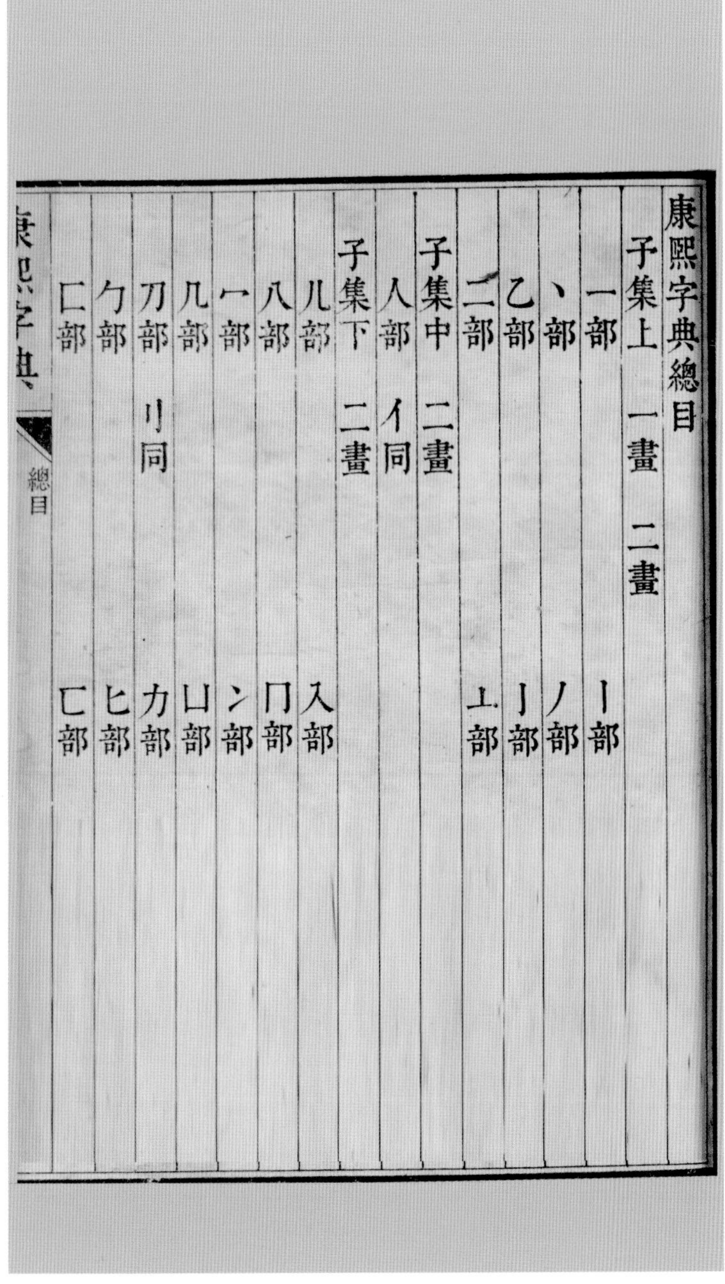

康熙字典總目

子集上　一畫　二畫

一部　丨部

丶部　丿部

乙部　亅部

二部　亠部

子集中　二畫

人部　亻同

子集下　二畫

儿部　入部

八部　冂部

冖部　冫部

几部　凵部

刀部　刂同　力部

勹部　匕部

匚部　匸部

康熙字典　總目

康熙字典十二集（清）張玉叔等編

字典考證十二卷（清）王隱之撰

清光緒十三年（1887）上海積山書局石印本

字典子集上考證

一部

二畫

丈○左傳昭二十三年以令役於諸侯屬役賦丈　謹照原文二十三年改三十二年　杜甫詩百丈牽來上瀨船　謹照原文牽來改誰家註百丈牽船筏也　謹照原註筏改篾

上○楚辭九懷臨淵兮汪洋顧林兮忽荒修子兮袿衣騎霓兮忽上　謹照原文騎霓改騎霓忽上改南上

下　爾雅釋訓下落也　謹照原書釋訓改釋詁

三畫

不○禮曾子問葬引至于堩日日有食之　謹照原文省下日字○荀子賦論篇　謹照原書省論字○註謂小人所鄙也　謹按原文無此註改爲所不謂小人所鄙也

五畫

丞○禮文王世子虞夏商周有師傅有疑丞　謹照原文師傅改師保

丨部

二畫

个○儀禮大射儀司射入於次搢三个挾一个　謹照原文搢三下省个字

三畫

中○班固東都賦宅中圖大　謹照原書改張衡東京賦○周禮春官司刺以刺宥三法求民情斷民中　謹照原文春官改秋官以刺宥三法求民情改以此三法者求民情○易坤卦黃裳元吉美在中也　謹照原文美在中也改文在中也○左傳定元年季孫曰子家亟言於我未嘗不中吾志也　謹照原文子家下增子字○周禮天官凡官府鄉州及都鄙之治中受而藏之　謹照原書天官改春官

子集上　二

重刻忠敬堂彙錄序

篤於去就之爭非忠篤於理亂之爭之謂忠嚴於進退之辨非敬嚴於治忽之辨之謂敬忠敬之臣既不肯規規然峻拒權貴人以潰其謀者亦不至翕翕然阿附權貴人以隕其節閒嘗持此以衡有明一代人才其得以勝任而愉快者要皆以身際隆盛規時獻功若當夫危疑変困之秋百責之所由萃求其遇震撼擊撞而能鎮定盤錯棼結而能解紓辛甘燥濕而能調劑黮闇汙濁而能茹納曠度宏量孤絕一時卒之調和中外以畢其事而成其志則前有茶陵後有華亭而我胡襄懋公乃眞其匹也劉瑾之亂謝遷劉健決然引去倘非李東陽依違蒙垢則璫禍方流毒搢紳誰其從中推輓而潛移默奪使善類多賴以扶持嚴嵩亂國二十年惡稔於瑾華亭委曲求全假富貴自汙卒能舉大奸而鋤之古稱社稷

忠敬堂彙錄　壹

忠敬堂彙錄八卷（明）胡煜輯
清光緒十三年（1887）刻本

忠敬堂彙錄恩綸部小目

明績溪胡煜原本　族孫渭仁率子宏松等校刊

恩綸錄

昔宋岳氏撰金佗粹編首錄高宗宸翰續編又有絲綸傳信錄武穆無他著作故其孫珂採集之也詳公原有恩綸錄單行本故此編所錄不過擇其大者略登於卷首以恩綸自有專書也今專書已逸而彙錄乃余掇拾之於灰燼之餘排比成帙者較原本又逸其十之七矣余因尋繹傳記之僅有存者如嘉靖三十五年金塘之捷天子璽書奬公略見崑山進士王宇文集三十六年謀王直上以公灼見禍本降璽書褒勞而閫外事一以委公畧見籌海圖編四十四年再被逮公疏辨上原之一日降手劄云胡某爲朕殺賊之人卿等必欲殺之何也云云略見耿

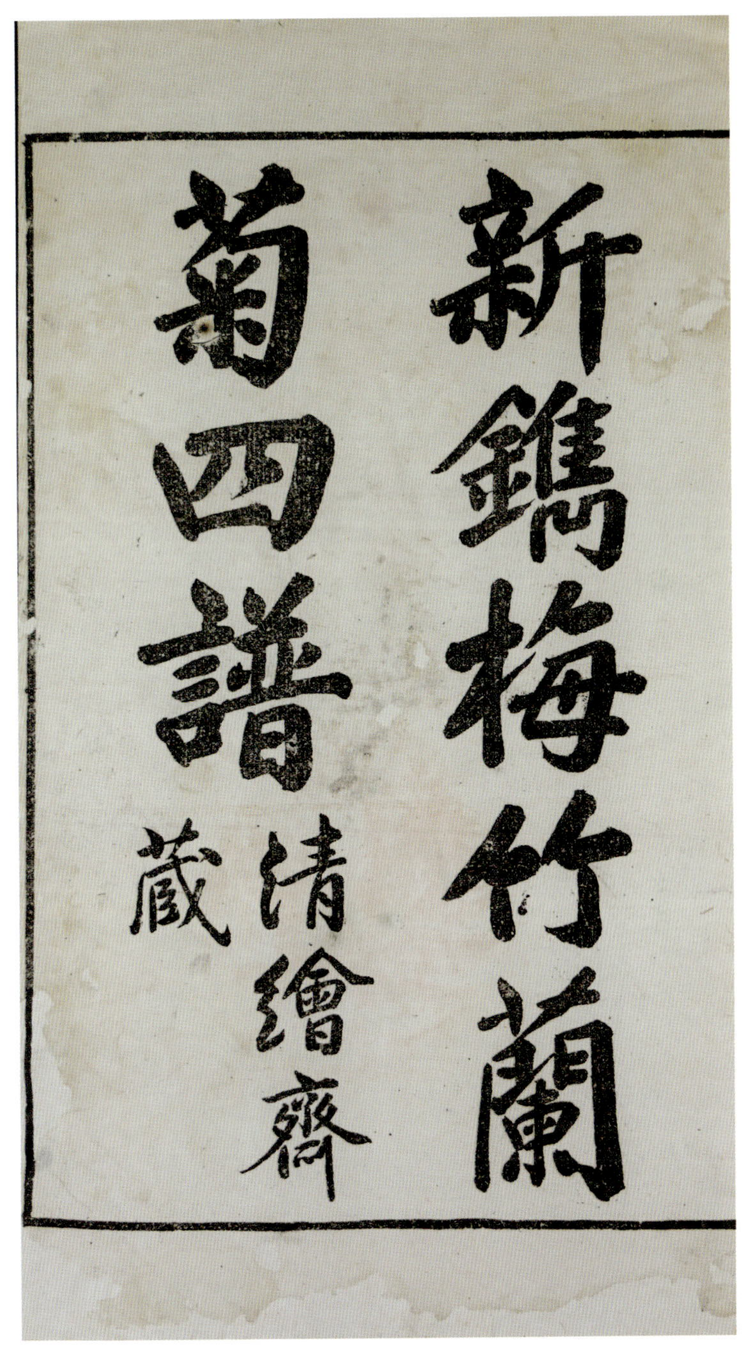

新镌梅竹蘭菊四譜不分卷（明）黄鳳池輯
清光緒十九年（1893）上海文海書局石印本

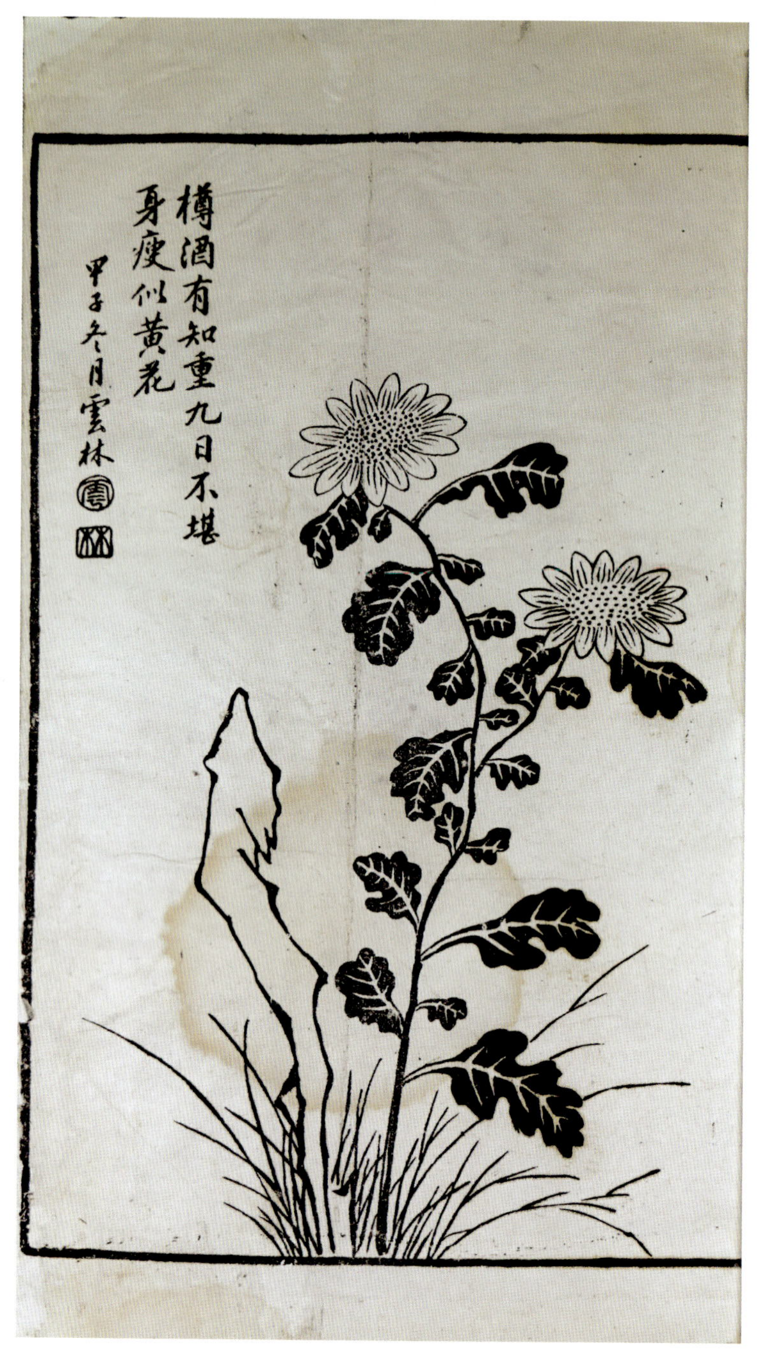
樽酒有知重九日不堪
身瘦似黄花
甲子冬月雲林

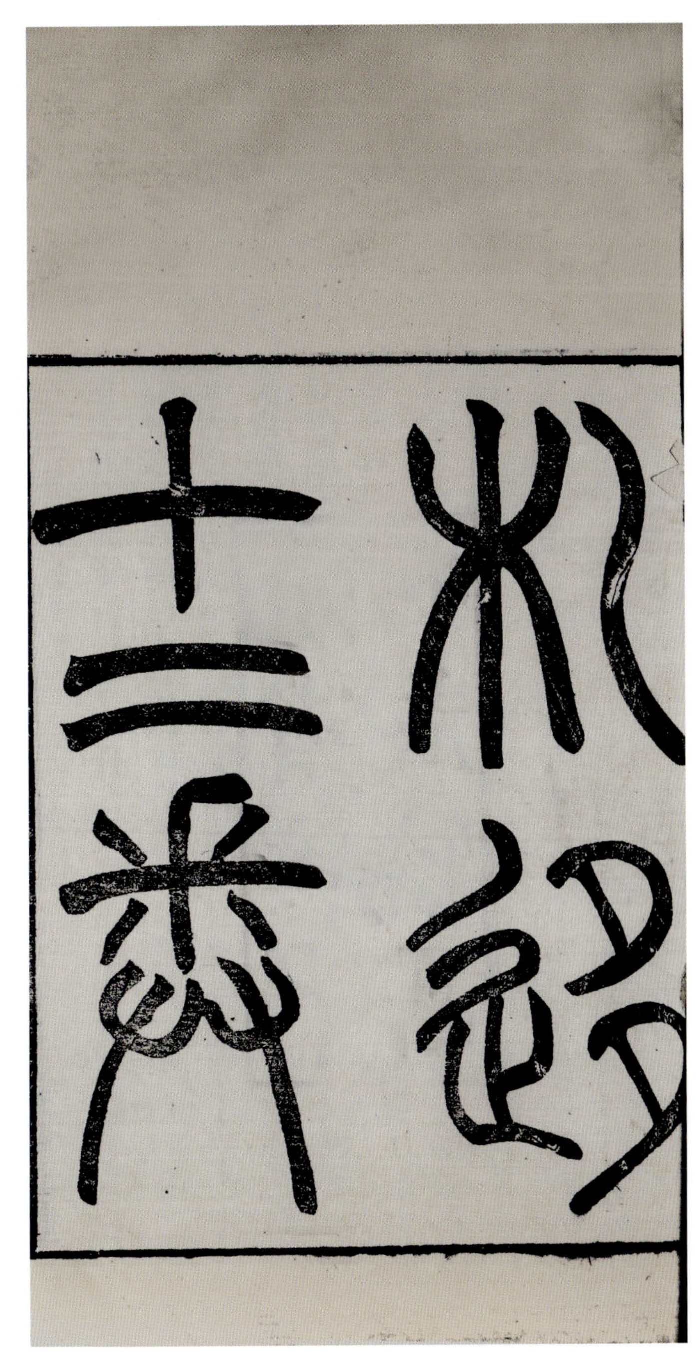

札迻十二卷（清）孫詒讓撰
清光緒二十年（1894）刻本

札迻卷一

瑞安孫詒讓

易乾鑿度鄭康成注聚珍版本　張惠言易緯略義校

卷上 君臣取象變節相和　案孔穎達易疏序引和作移是當據正

故易者所以經天地官本校云錢本作繼天地　案范欽本盧見曾本及易正義引並作繼似是後文云天子者繼天理物

度時制宐作罔罟以畋以漁以贍人用　案易正義引作下有爲字人用作民用此沿唐本避諱字

故三王之郊一用夏正所以順四時法天地之道也　案范盧本並作法天地之通道杜臺卿玉燭寶典引同此本誤

天聖明道本

國語

讀未見書齋重雕

天聖明道本國語二十一卷（三國吳）韋昭注
清光緒二十三年（1897）成都書局刻本

諸家紛錯載述爲煩是以時有所見庶幾頗近事情裁有補益猶恐人之多言未詳其故欲世覽者必察之也

周一二三上中下　魯四五上下　齊六一　晉武七獻八惠九文十襄十一厲十二悼十三平十四昭十五

鄭十六　楚十七上十八下　吳十九　越二上二十一下

國語卷第一

周語上　韋氏解

穆王將征犬戎穆王周康王之孫昭王之子穆王滿也征正也上討下之稱犬戎西戎之别名也在荒服之中祭公謀父諫曰不可祭畿内之國周公之後也爲王卿士謀父字也傳曰凡蔣邢茅胙祭周公之胤矣先王耀德不觀兵耀明也觀示也明德尚道化也不示兵者有大罪惡然後致誅不以小小示威武也夫兵戢而時動動則威戢聚也威畏也時動謂三時務農一時講武守則有財征則有威觀則玩玩則無震玩黷也震懼也是故周

甌鉢羅室書畫過目攷四卷（清）李玉棻編輯
清光緒二十三年（1897）北京興盛齋刻本

甌鉢羅室書畫過目攷卷一

古潞李玉棻均湖編輯

惲向原名本初字道生號香山江蘇武進人明季舉孝廉方正授中書不就工山水得倪黃之神解著畫旨景劍泉閣學藏有墨山水小卷禿筆細寫形如草篆爲暮年惜墨如金所作家西園主人藏有仿山樵墨山水紙本短幀層巒叢樹氣韻超然其精彩處未肯多讓元季諸家也

王時敏字遜之號煙客又號西廬晚號西田江蘇太倉人錫爵孫王衡子廕生官太常寺卿兵後隱歸村山水得大癡神化爲國朝第一家工篆隸著西田集阜陰方伯書藏有雪景山水紙本小卷篆書歸邨雪霽四字款署擬李晞古關山雪霽圖意識

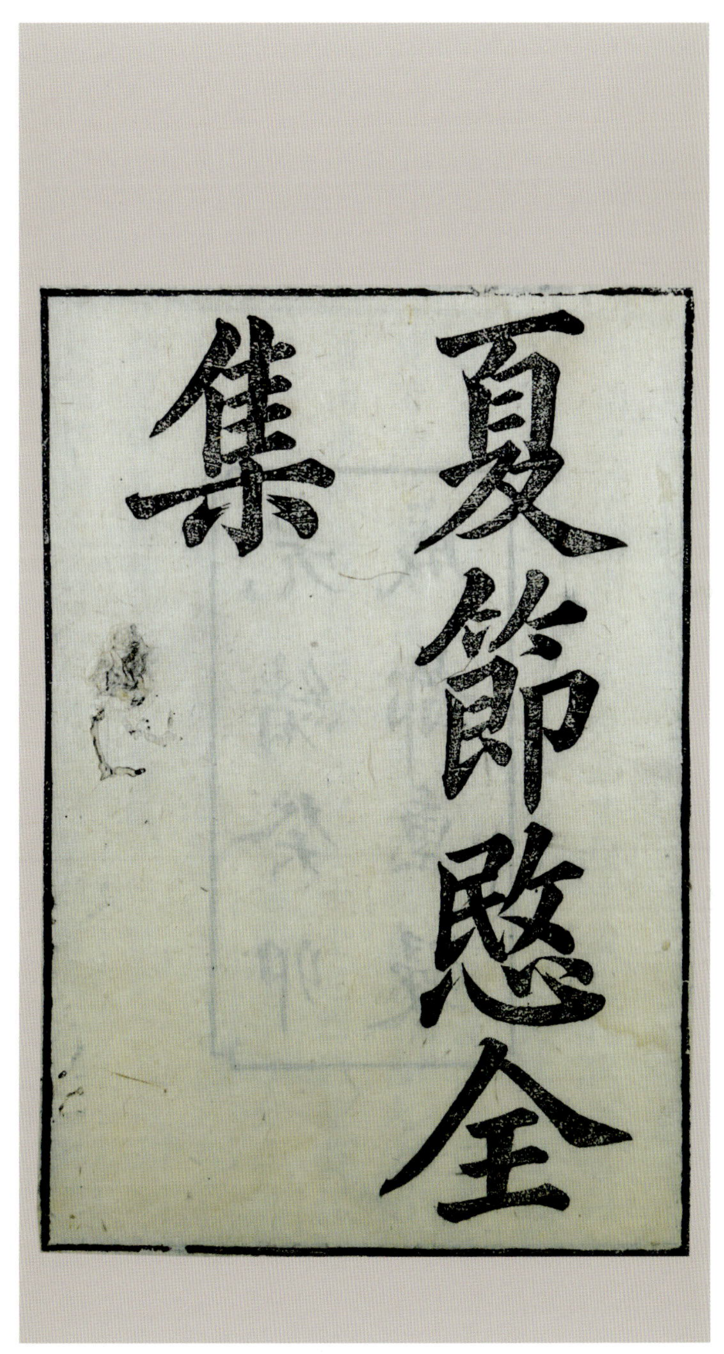

夏節愍全集十卷（明）夏完淳撰（清）莊師洛輯（清）陳均、何其偉編
清光緒二十九年（1903）成都刻本

夏節愍全集卷二

青浦王述庵先生鑒定

婁縣莊師洛純川輯　受業陳均秉衡何其偉韋人編

賦二

江妃賦

金風勁兮秋水多楓湛湛兮江始波搴芙蓉兮愁日暮泛清光兮蕩綺羅歌采蓮兮相思苦烟漠漠兮迷南浦送夕陽兮迴月愁脈脈兮不語餘霞散綺碧江舒練流輝軼光參差曼眩宛輕颸之髣髴悅明霞之離合薇蕤紛之菱一作靈艫鴐偃蹇之蕙楫一江皋之麗人窈亭亭

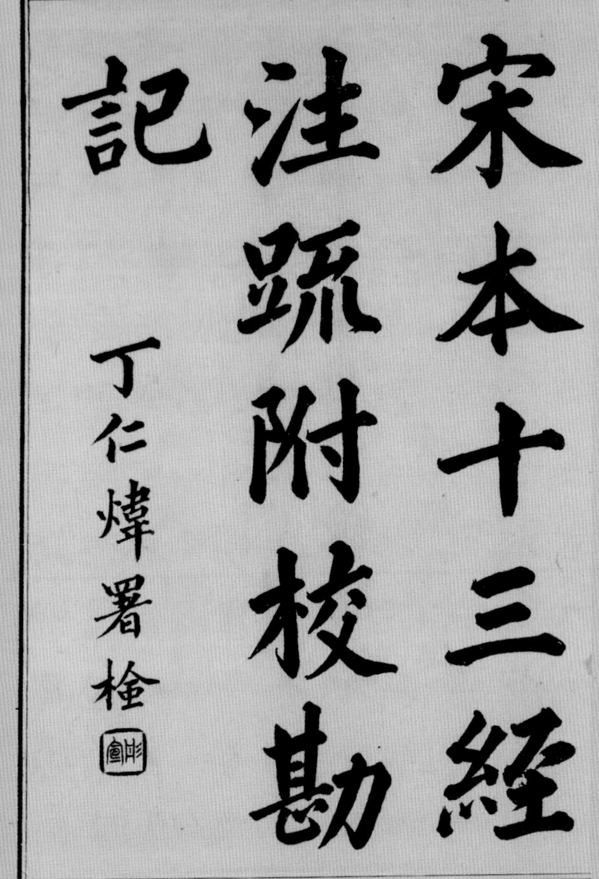

宋本十三經注疏（清）阮元編
清光緒三十年（1904）點石齋印書局印本

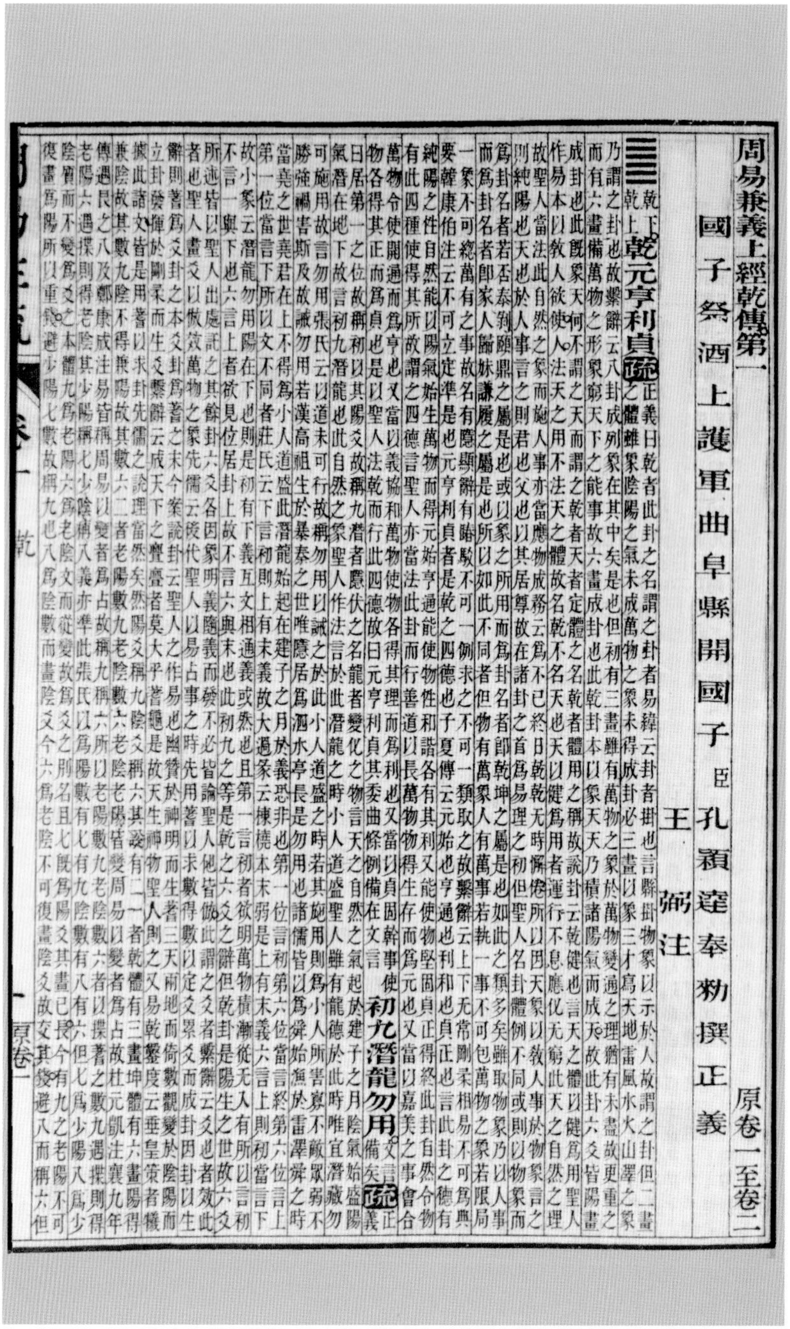

周易兼義上經乾傳第一　原卷一至卷二

國子祭酒上護軍曲阜縣開國子臣孔穎達奉勑撰正義

王弼注

䷀乾下乾上 乾元亨利貞【疏】正義曰乾者此卦之名謂之卦者易緯云卦者掛也言縣掛物象以示於人故謂之卦但二畫之體雖象陰陽之氣未成萬物之象未得成卦必三畫以象三才寫天地雷風水火山澤之象乃謂之卦也故繫辭云八卦成列象在其中矣是也但初有三畫雖有萬物之象於萬物變通之理猶有未盡故更重之而有六畫備萬物之形象窮天下之能事故六畫成卦也此乾卦本以象天天乃積諸陽氣而成天故此卦六爻皆陽畫成卦也此既象天何不謂之天而謂之乾者天者定體之名乾者體用之稱故說卦云乾健也言天之體以健爲用聖人作易本以教人欲使人法天之用不法天之體故名乾不名天也天以健爲用者運行不息應化无窮此天之自然之理故聖人當法此自然之象而施人事亦當應物成務云爲不已終日乾乾无時懈倦所以因天象以教人事於物象言之則純陽也天也於人事言之則君也父也以其居尊故在諸卦之首爲易理之初但聖人名卦體例不同或則以物象而爲卦名者若否泰剝頤鼎之屬是也或以象之所用而爲卦名者即乾坤之屬是也如此之類多矣雖取物象乃以人事而爲卦名者即家人歸妹謙履之屬是也所以如此不同者但物有萬象人有萬事若執一事不可包萬物之象若限局一象不可總萬有之事故名有隱顯辭有踳駁不可一例求之不可一類取之故繫辭云上下无常剛柔相易不可爲典要韓康伯注云不可立定準是也元亨利貞者是乾之四德也子夏傳云元始也亨通也利和也貞正也言此卦之德有純陽之性自然能以陽氣始生萬物而得元始亨通能使物性和諧各有其利又能使物堅固貞正得終此卦自然令物有此四種使得其所故謂之四德言聖人亦當法此卦而行善道以長萬物物得生存而爲元也又當以嘉美之事會合萬物令使開通而爲亨也又當以義協和萬物使物各得其理而爲利也又當以貞固幹事使物各得其正而爲貞也是以聖人法乾而行此四德故曰元亨利貞其委曲條例備在文言

初九潛龍勿用。文言備矣【疏】正義曰居第一之位故稱初以其陽爻故稱九潛者隱伏之名龍者變化之物言天之自然之氣起於建子之月陰氣始盛陽氣潛在地下故言初九潛龍也此自然之象聖人作法言於此潛龍之時小人道盛聖人雖有龍德於此時唯宜潛藏勿可施用故言勿用張氏云以道未可行故稱勿用以誡之於此小人道盛之時若其施用則爲小人所害寡不敵衆弱不勝強禍害斯及故誡勿用若漢高祖生於暴秦之世唯隱居爲泗水亭長是勿用也諸儒皆以爲舜始漁於雷澤舜之時當堯之世堯君在上不得爲小人道盛此潛龍始起在建子之月於義恐非也第一位言初第六位當言終第六位言上第一位當言下所以文不同者莊氏云下言初則上有末義故大過彖云棟橈本末弱是上有末義六言上則初當言下故小象云潛龍勿用陽在下也則是初有下義互文相通義或然也且第一言初者欲明萬物積漸從无入有所以言初不言一與下也六言上者欲見位居卦上故不言六與末也此初九之等是乾之六爻之辭但乾卦是陽生之世故六爻所述皆以聖人出處託之其餘卦六爻各因象明義隨義而發不必皆論聖人他皆倣此謂之爻者繫辭云爻也者效此者也聖人畫爻以倣效萬物之象先儒云後代聖人以易占事之時先用蓍以求數得數以定爻累爻而成卦因卦以生辭則蓍爲爻卦之本爻卦爲蓍之末今案說卦云聖人之作易也幽贊於神明而生蓍參天兩地而倚數觀變於陰陽而立卦發揮於剛柔而生爻繫辭云成天下之亹亹者莫大乎蓍龜是故天生神物聖人則之又易乾鑿度云垂皇策者犧據此諸文皆是用蓍以求卦先儒之說理當然矣然陽爻稱九陰爻稱六其說有二一者乾體有三畫坤體有六畫陽得兼陰故其數九陰不得兼陽故其數六二者老陽數九老陰數六老陰老陽皆變周易以變者爲占故杜元凱注襄九年傳遇艮之八及鄭康成注易皆稱周易以變者爲占故稱九稱六所以老陽數九老陰數六者以揲蓍之數九遇揲則得老陽六遇揲則得老陰其少陽稱七少陰稱八義亦準此張氏以爲陽數有七有九陰數有八有六但七爲少陽八爲少陰質而不變爲爻之本體九爲老陽六爲老陰文而從變故爲爻之別名且七既爲陽爻其畫已長今有九之老陽不可復畫爲陽所以重錢避少陽七數故稱九也八爲陰數而畫陰爻今六爲老陰不可復畫陰爻故交其錢避八而稱六但

乾　原卷一

諸子攷略二卷（清）姚永樸撰
清光緒三十一年（1905）靈護室倩正誼書局印本

諸子考略卷首

桐城姚永樸纂

總論

漢書藝文志論諸子

儒家者流蓋出於司徒之官助人君順陰陽明教化者也游文於六經之中留意於仁義之際祖述堯舜憲章文武宗師仲尼以重其言於道最爲高孔子曰如有所譽其有所試唐虞之隆殷周之盛仲尼之業已試之效者也然惑者既失精微而辟者又隨時抑揚違離道本苟以譁衆取寵後進循之是以五經乖析儒學寖衰此辟儒之患　道家者流蓋出於史官歷記成敗存亡禍福古今之道然後知秉要執本清虛以自守卑弱以自持此君人南面之術也合於堯之克攘易之嗛嗛一謙而四益此其所長也及放者爲之則欲絶去禮學兼棄仁義曰獨任清虛可以爲治　陰陽家者流蓋出於羲和之官敬順昊天歷象日月星辰敬授民時此其所長也及拘者

諸子考略　卷一　一

意林目錄　　武英殿聚珍版

意林　目錄　一

意林五卷（唐）馬總撰
清武英殿聚珍版刻本

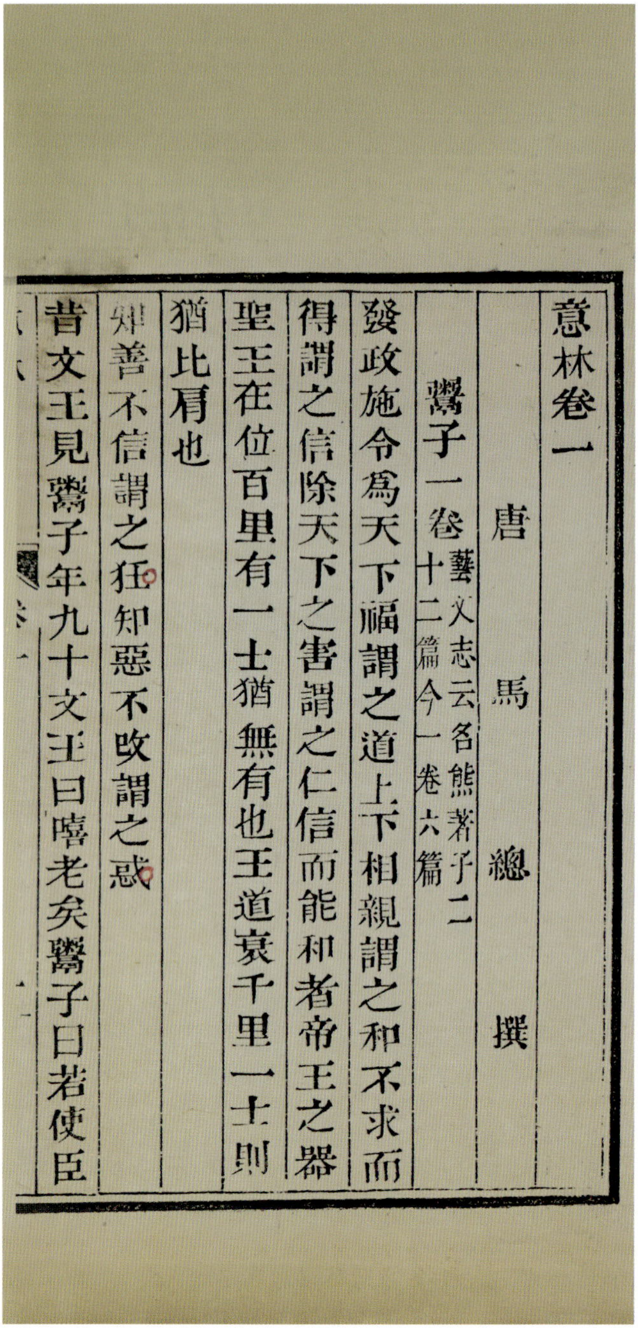

意林卷一

唐　馬　總　撰

鬻子一卷藝文志云名熊著子二十二篇今一卷六篇

發政施令爲天下福謂之道上下相親謂之和不求而得謂之信除天下之害謂之仁信而能和者帝王之器

聖王在位百里有一士猶無有也王道衰千里一士則猶比肩也

知善不信謂之狂知惡不改謂之惑

昔文王見鬻子年九十文王曰嘻老矣鬻子曰若使臣

林文忠公政書三十七卷（清）林則徐撰
清林氏家刻本

補授河督謝恩竝陳不諳河務下忱摺

奏爲恭謝

天恩竝瀝陳不諳河務惶悚恐懼下忱仰祈

聖鑒事竊臣於十月十九日奉兩江督臣陶澍行知

准吏部咨欽奉

上諭河東河道總督員缺著林則徐補授即赴新任毋庸來京請訓等因欽此臣謹即恭設香案望

闕叩頭虔謝

光緒己卯科

直省同年齒錄

板存京都正陽門外琉璃廠龍雲齋楊梅竹斜街龍光齋刻字鋪

光緒己卯科直省同年齒錄

清北京龍雲齋刻本

宗室 壽耆

字紹吟號子年行一咸豐九年十一月初六日吉時生係正藍旗英敷佐領下四品廕生癸未榜眼現官翰林院編修

曾祖福昌保 原任玉牒館　母氏伊[illegible]

祖和悅 四品宗室　母氏趙佳

父松森 同治乙丑翰林現任盛京禮部左侍郎　母氏邑綽

胞伯松華 四品宗室 松勛 四品宗室

胞弟壽康

妻氏棟鄂

子繼武　女

宗室 訥欽

字康甫號秩山行一道光己酉年十二月初七日吉時生鑲藍旗和義佐領下現官宗人府候選筆帖式

曾祖敏貴 宗人府筆帖式　母氏鈕祜祿

祖桂蘭 宗人府七品筆帖式　母氏鈕祜祿

父琦瑄 理藩院員外郎通州中倉監督　母氏馬佳

胞叔伊魯格拉圖 宗人府筆帖式 托佛歡 宗人府委署主事

妻氏烏吉特

子恒年

女三

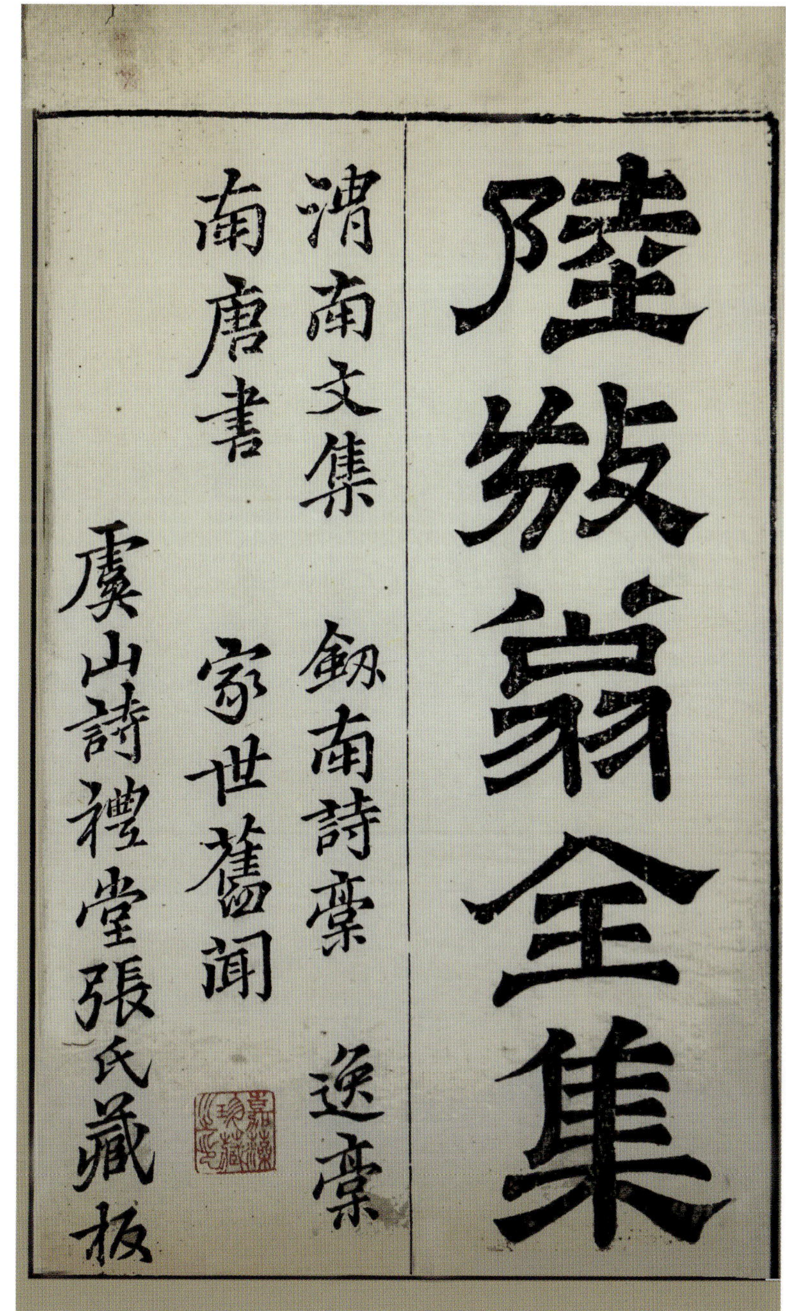
陸放翁全集
渭南文集　劍南詩稾　逸稾
南唐書　家世舊聞
虞山詩禮堂張氏藏板

陸放翁全集一百五十七卷（南宋）陸游撰
清虞山張氏詩禮堂刻明毛氏汲古閣本
包含：渭南文集五十卷、劍南詩稾八十五卷、放翁逸稾二卷、南唐書十八卷、家世舊聞一卷、齋居紀事一卷

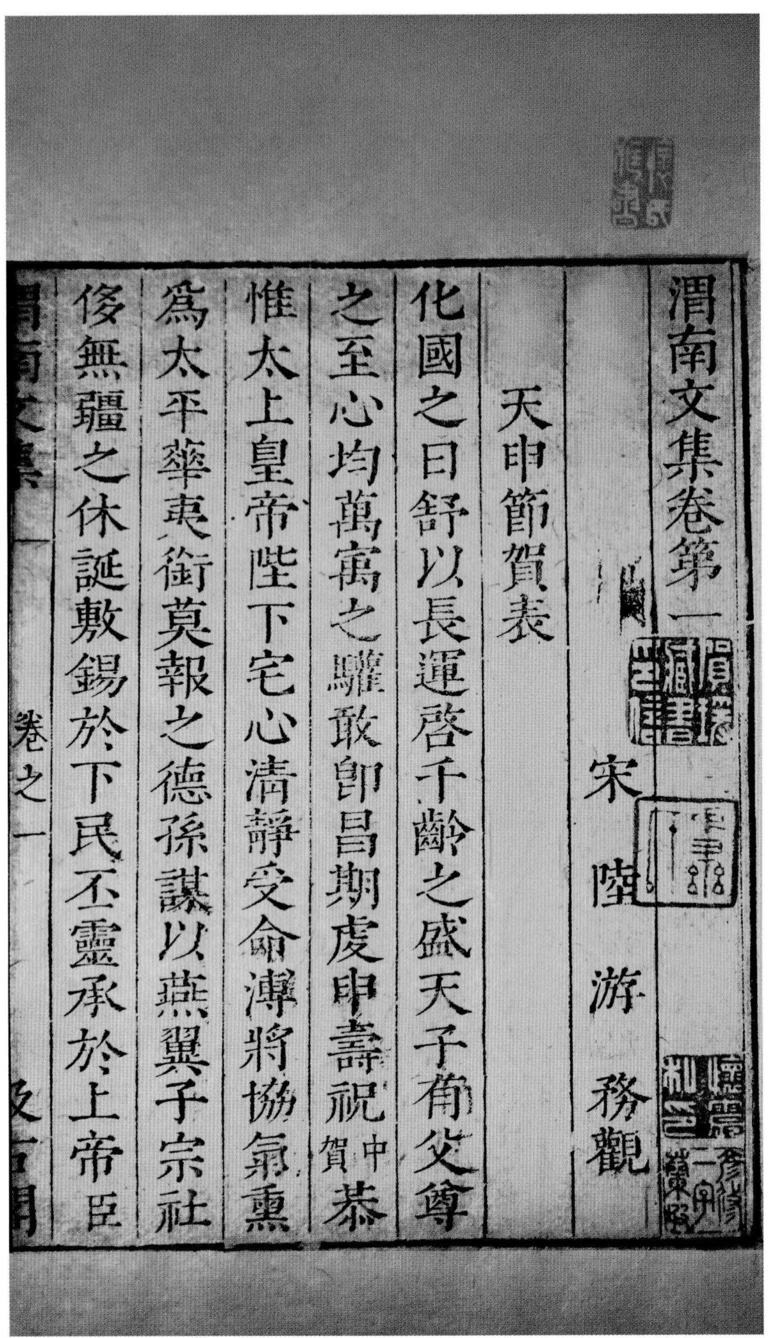

渭南文集卷第一

宋 陸游 務觀

天申節賀表

化國之日舒以長運啓千齡之盛天子有父尊之至心均萬寓之驩敢即昌期虔申壽祝中賀恭惟太上皇帝陛下宅心淸靜受命溥將協氣熏爲太平華夷銜莫報之德孫謀以燕翼子宗社侈無疆之休誕敷錫於下民丕靈承於上帝臣

渭南文集　卷之一　汲古閣

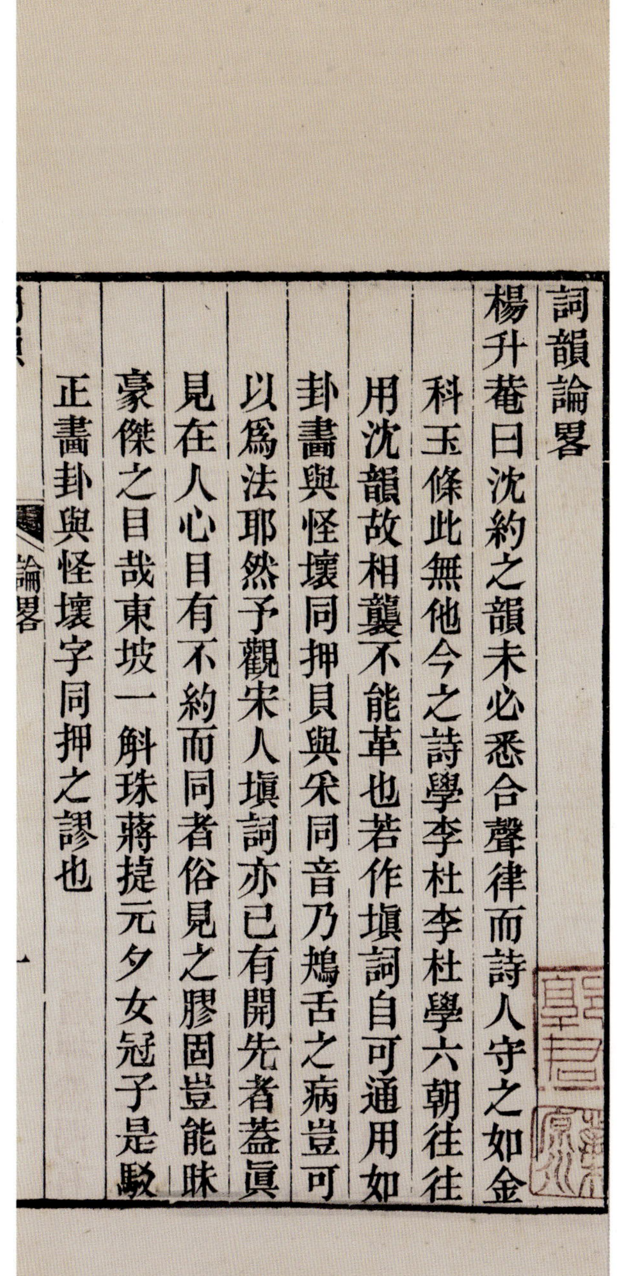

詞韻論畧

楊升菴曰沈約之韻未必悉合聲律而詩人守之如金科玉條此無他今之詩學李杜李杜學六朝往往用沈韻故相襲不能革也若作塡詞自可通用如卦畫與怪壞同押貝與釆同音乃鴂舌之病豈可以爲法耶然予觀宋人塡詞亦已有開先者蓋眞見在人心目有不約而同者俗見之膠固豈能昧豪傑之目哉東坡一斛珠蔣捷元夕女冠子是駁正畫卦與怪壞字同押之謬也

論畧　一

詞韻二卷（清）王又華補切（清）王嗣瑠訂注

清刻本

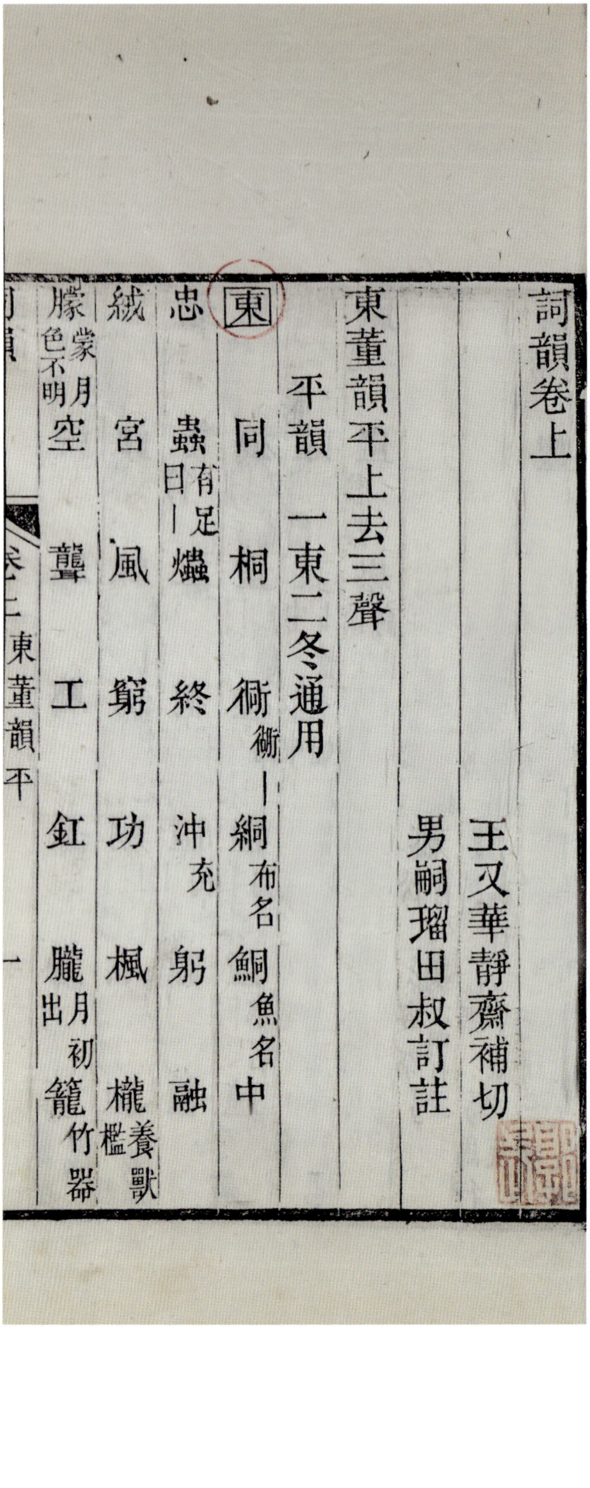

詞韻卷上

王又華靜齋補切
男嗣瑠田叔訂註

東董韻平上去三聲

平韻　一東二冬通用

東

同　桐　衕衚衕　絧布名　鮦魚名　中

忠　蟲有足曰蟲　爞　終　沖充　躬　融

絨　宮　風　窮　功　楓　櫳養獸檻

朦月色不明　空　聾　工　釭　朧月初出　籠竹器

詞韻　卷上　東董韻平　一

禮樂志第二　漢書二十二

漢　蘭　臺　令　史班　固　撰

唐正議大夫行祕書少監琅邪縣開國子顏師古　注

賜進士出身前翰林院編修國子監祭酒加三級臣王先謙補注

六經之道同歸而禮樂之用爲急師古曰六經謂易詩書春秋禮樂也〔補注〕先謙曰官本考證云監本於此卷脫注尤多今並從宋本補　治身者斯須忘禮則暴嫚入之矣師古曰斯須猶須臾爲國者一朝失禮則荒亂及之矣人函天地陰陽之氣有喜怒哀樂之情師古曰函包容也讀與含同宅皆類此　天稟其性而不能節也師古曰稟謂給授也聖人能爲之節而不能絕也故象天地而制禮樂所以通神明立人倫師古曰倫理也正情性節萬事者也人性有男女之情妒忌之別〔補注〕錢大昭曰別漢紀作心先謙曰禮記經解云昏姻之禮所以明男女之別也其上文言朝覲喪祭鄉飲酒皆志所取裁則此文當作男女之別明矣妒忌以情言疑別與情誤倒　爲制婚姻之禮有交接長幼之序爲制鄉飲

漢書一百卷（清）（東漢）班固撰（唐）顔師古注（清）王先謙補注
清虛受堂刻本
郭沫若紀念館存七十九卷

君臣之位失而侵陵之漸起〔補注〕先謙曰自故婚姻至此取經解爲文而略有刪易故孔子曰安上治民莫譱於禮移風易俗莫譱於樂師古曰此孝經載孔子之言也譱古善字〔補注〕錢大昭曰說文譱吉也从誩从羊善篆文禮節民心樂和民聲政㠯行之刑㠯防之禮樂政刑四達而不誖則王道備矣師古曰誖乖也音布內反樂㠯治內而爲同李奇曰同於和樂也禮㠯修外而爲異李奇曰尊卑爲異也同則和親異則畏敬和親則無怨畏敬則不爭揖讓而天下治者禮樂之謂也二者並行合爲一體畏敬之意難見則著之於享獻辭受登降跪拜師古曰見謂彰顯也〔補注〕沈欽韓曰儀禮之坐皆跪也和親之說難形則發之於詩歌詠言鐘石筦弦師古曰說讀曰悅形亦見也筦字與管同蓋嘉其敬意而不及其財賄美其歡心而不流其聲音師古曰流移也心不移溢於音聲也故孔子曰禮云禮云玉帛云乎哉樂云樂云鐘鼓云乎哉師古曰論語載孔子之言也謂禮以節人爲貴樂以和人爲本玉帛鐘鼓乃其末也〔補注〕宋祁曰其末下當添事字先謙曰官本鐘作鍾此禮樂之本也故曰知禮樂之情者能

漢魏六朝名家集（明）張溥輯
清述古山莊刻本

漢魏六朝名家集

總目

漢

漢魏名家文總目　一

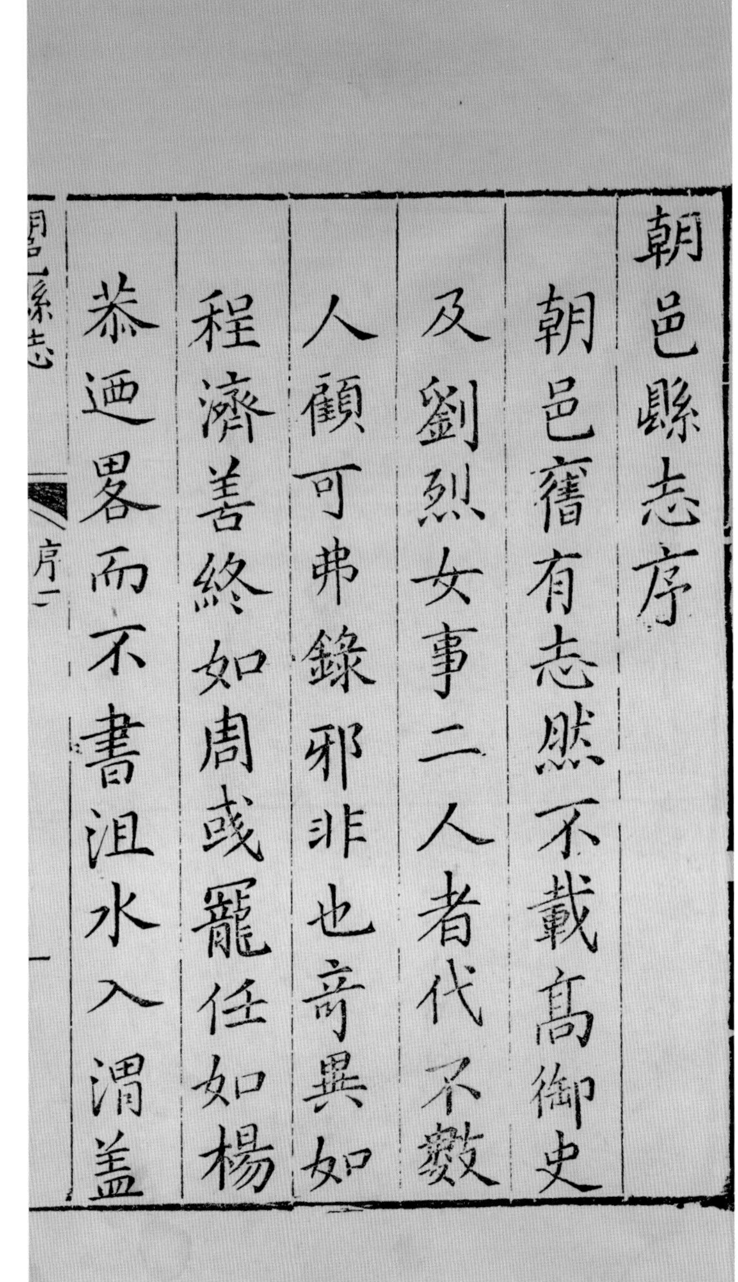
朝邑縣志序

朝邑舊有志然不載高御史及劉烈女事二人者代不數人顧可弗錄邪非也竒異如程濟善終如周䖍罷任如楊恭迺畧而不書沮水入渭蓋

朝邑縣志　序　一

朝邑縣志二卷（明）韓邦靖撰
清刻本

得名曰渭。
過鈔手作得。

朝邑縣志卷二

名宦第五

朝邑幅員，不及二百里，東有鹹灘，西有鹽池，南有沙苑，皆不可耕，可耕者纔十分之二三壹，而又界河渭洛沮三水者，歲溢而善崩，淪轂没不稼，崩乃數十年不還田，以故朝邑民獨貧，少生業。夫其稚來安養，獨在縣官耳。縣官治績顯者：洪武中，則有縣丞卞禮，宏建所規，開先來者；成化中，則有知縣李英，然英善修舉，喜用民，當其時聲名藉甚，去之日民莫能思也；宏治中，則有知縣蘇槩，廉謹不擾，康

第二编

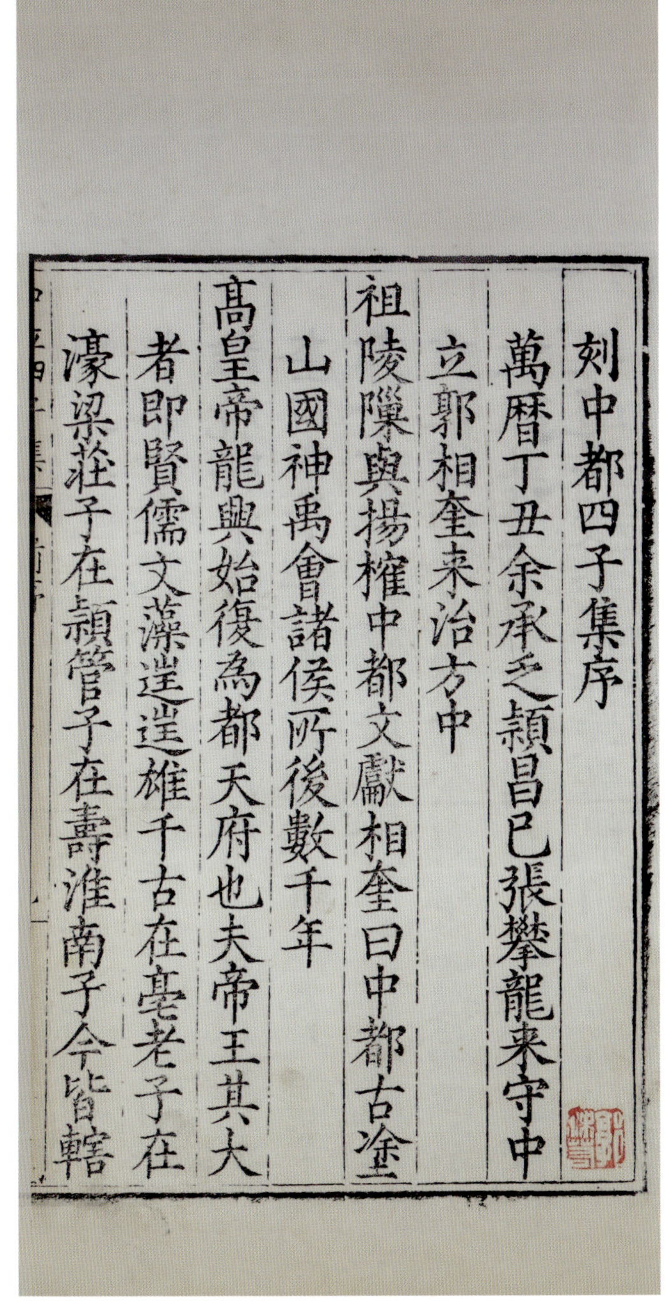

刻中都四子集序
萬曆丁丑余承乏潁昌已張攀龍来守中
立郭相奎来治方中
祖陵隰與揚榷中都文獻相奎曰中都古塗
山國神禹會諸侯所後數千年
高皇帝龍興始復為都天府也夫帝王其大
者即賢儒文藻逴逴雄千古在亳老子在
濠梁莊子在潁管子在壽淮南子今皆轄

中都四子集六十四卷（明）朱東光輯訂

明萬曆七年（1579）刻本

包含：老子道德經二卷、莊子南華真經十卷、管子二十四卷、淮南鴻烈解二十八卷

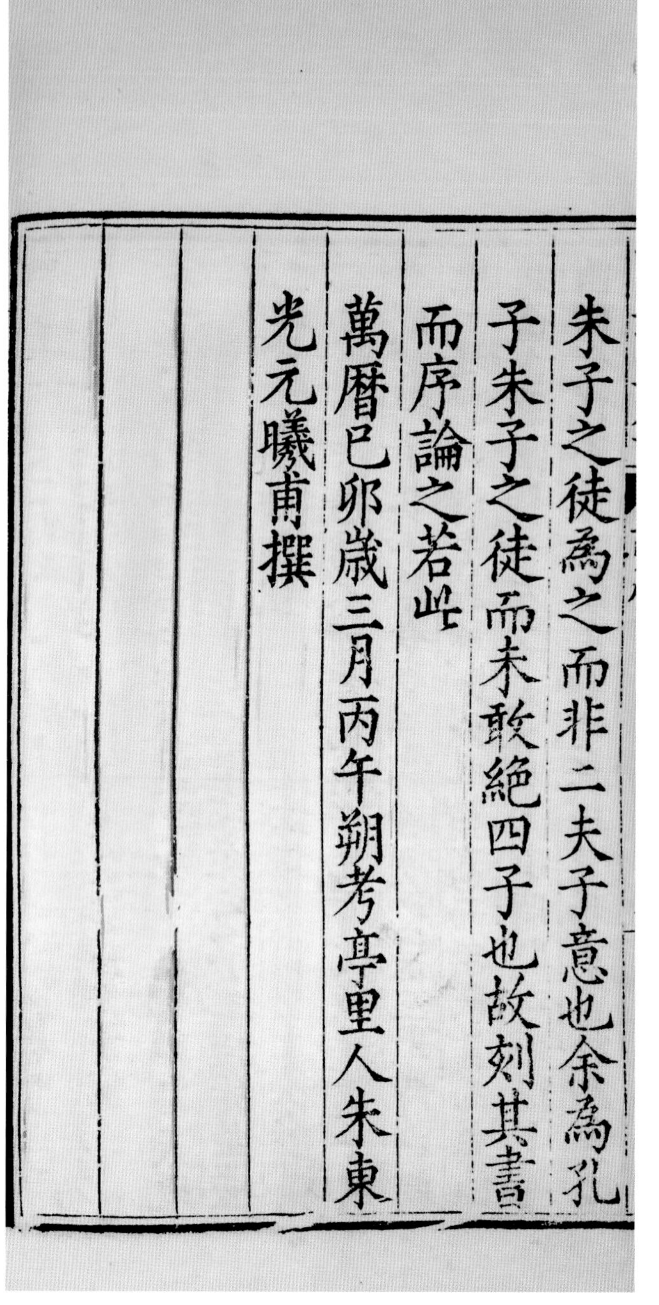
朱子之徒爲之而非二夫子意也余爲孔
子朱子之徒而未敢絶四子也故刻其書
而序論之若此
萬曆己卯歲三月丙午朔考亭里人朱東
光元曦甫撰

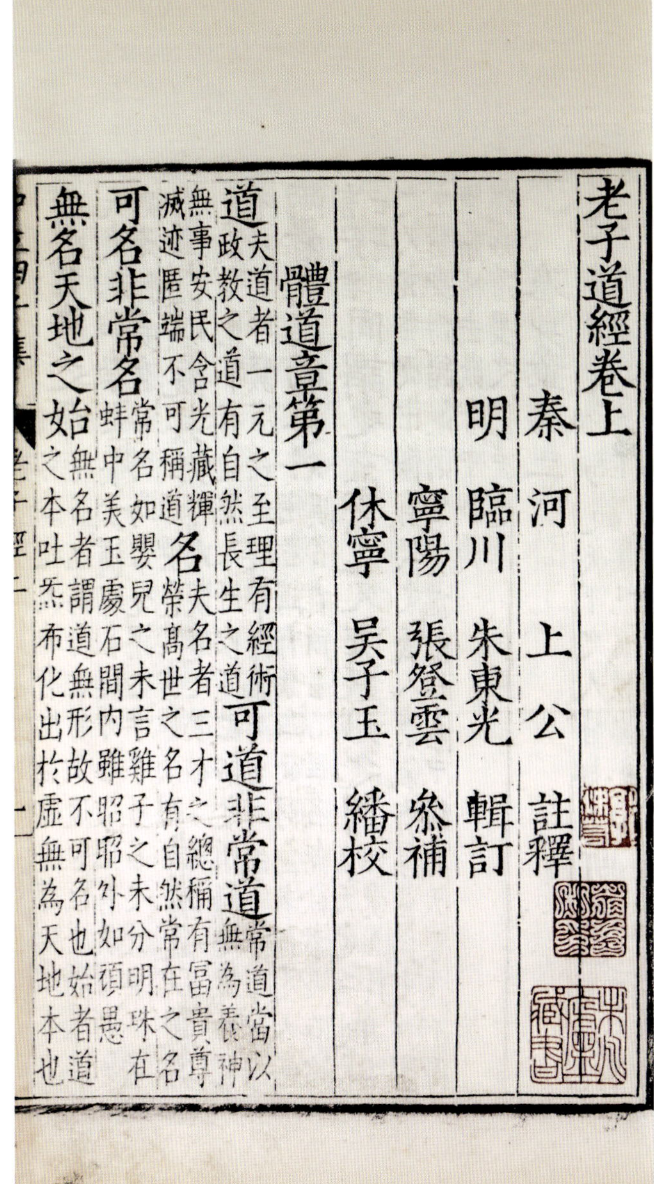

老子道經卷上

秦　河上公　註釋

明　臨川　朱東光　輯訂

寧陽　張登雲　參補

休寧　吴子玉　繙校

體道章第一

道夫道者一元之至理有經術政教之道有自然長生之道可道非常道常道當以無為養神無事安民含光藏輝滅迹匿端不可稱道名夫名者三才之總稱有富貴尊榮高世之名有自然常在之名可名非常名常名如嬰兒之未言雞子之未分明珠在蚌中美玉處石間內雖昭昭外如頑愚無名天地之始無名者謂道無形故不可名也始者道之本吐炁布化出於虛無為天地本也

管子卷之一

唐　臨淄　房玄齡　註釋

蘆泉　劉績　增註

明　臨川　朱東光　輯訂

寧陽　張登雲　叅補

休寧　吴子玉　繙校

牧民第一（國頌　四維　四順　士經　六親　五法）　經言一

凡有地牧民者，務在四時（四時所以生成萬物也），守在倉廩（食者人之天也）。國多財則遠者來，地辟舉則可留處（舉盡也，言地盡闢則人留而安居處也）。倉廩實則知禮節，衣食足則知榮辱，上服度則六

中立四子集　管子卷一　一

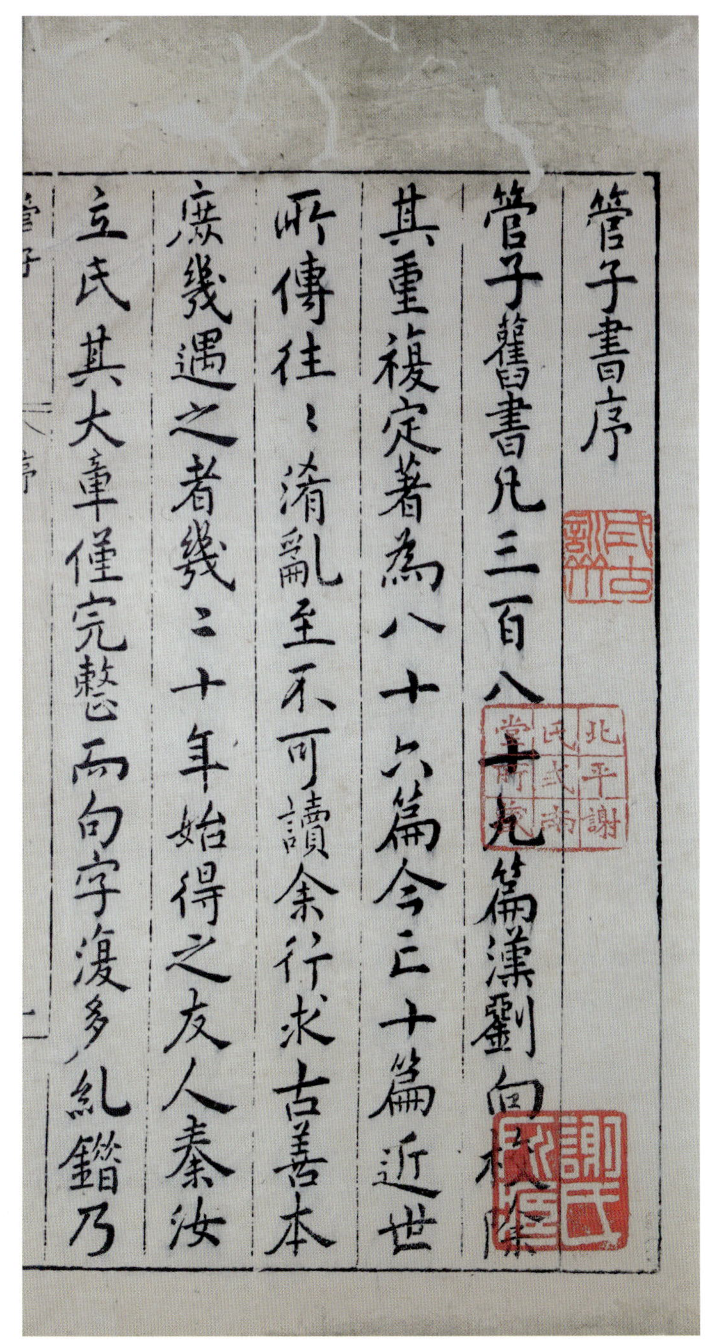
管子書序

管子舊書凡三百八十九篇漢劉向校除其重複定著為八十六篇今亡十篇近世所傳往往淆亂至不可讀余行求古善本庶幾遇之者幾二十年始得之友人秦汝立氏其大章僅完整而句字復多紕錯乃

管子二十四卷（唐）房玄齡注（明）趙用賢校勘
明萬曆十年（1582）趙用賢刻本

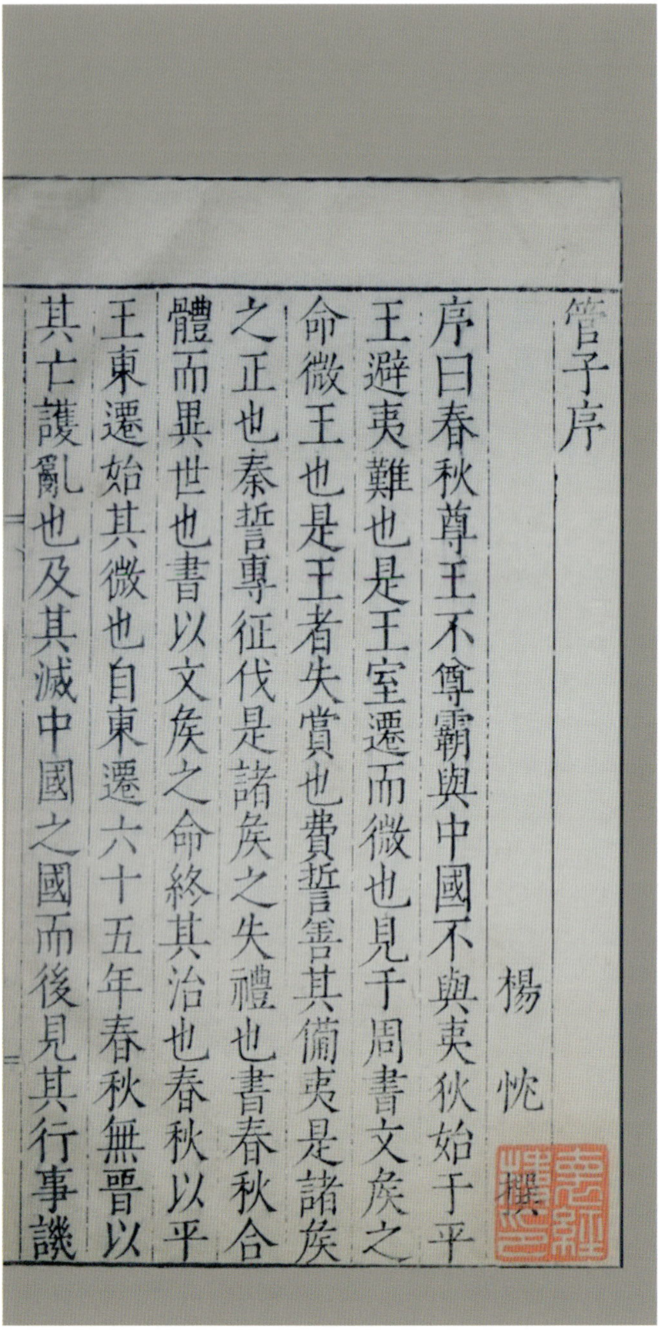

管子序

楊忱撰

序曰春秋尊王不尊霸與中國不與夷狄始于平王避夷難也是王室遷而微也見于周書文矦之命微王也是王者失賞也費誓畬其備夷是諸矦之正也秦誓專征伐是諸矦之失禮也書春秋合體而異世也書以文矦之命終其治也春秋以平王東遷始其微也自東遷六十五年春秋無晋以其亡護亂也及其滅中國之國而後見其行事譏

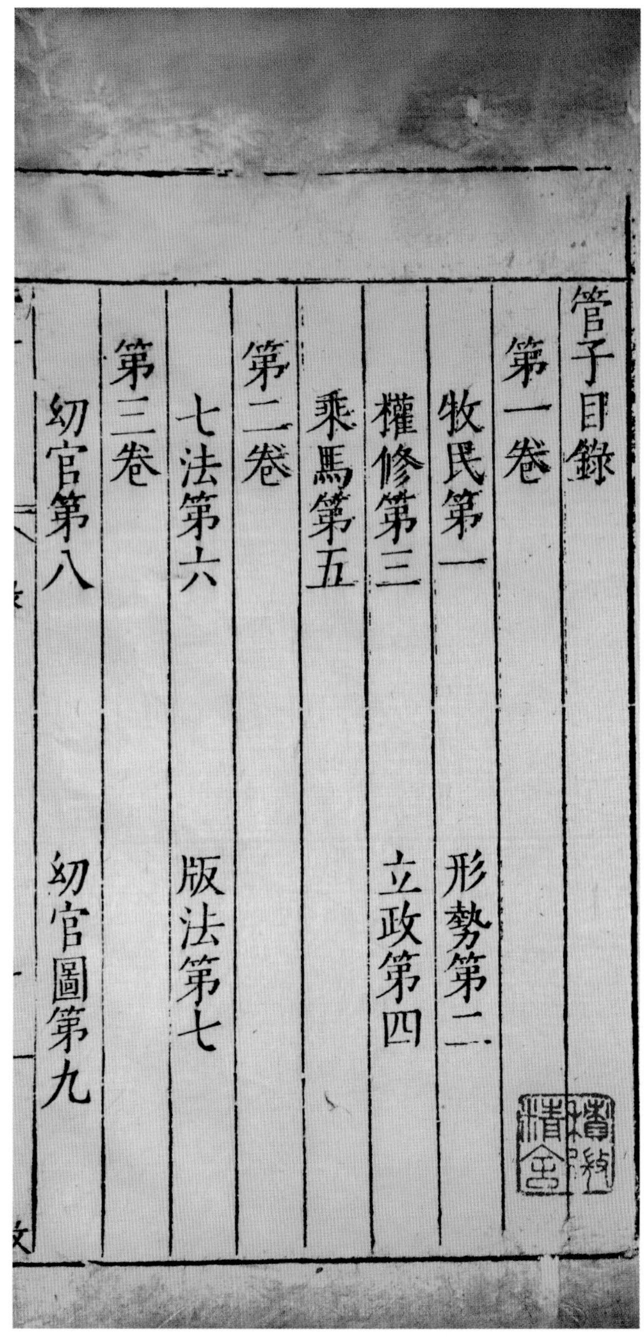
管子目録
第一卷
牧民第一　形勢第二
權修第三　立政第四
乘馬第五
第二卷
七法第六　版法第七
第三卷
幼官第八　幼官圖第九

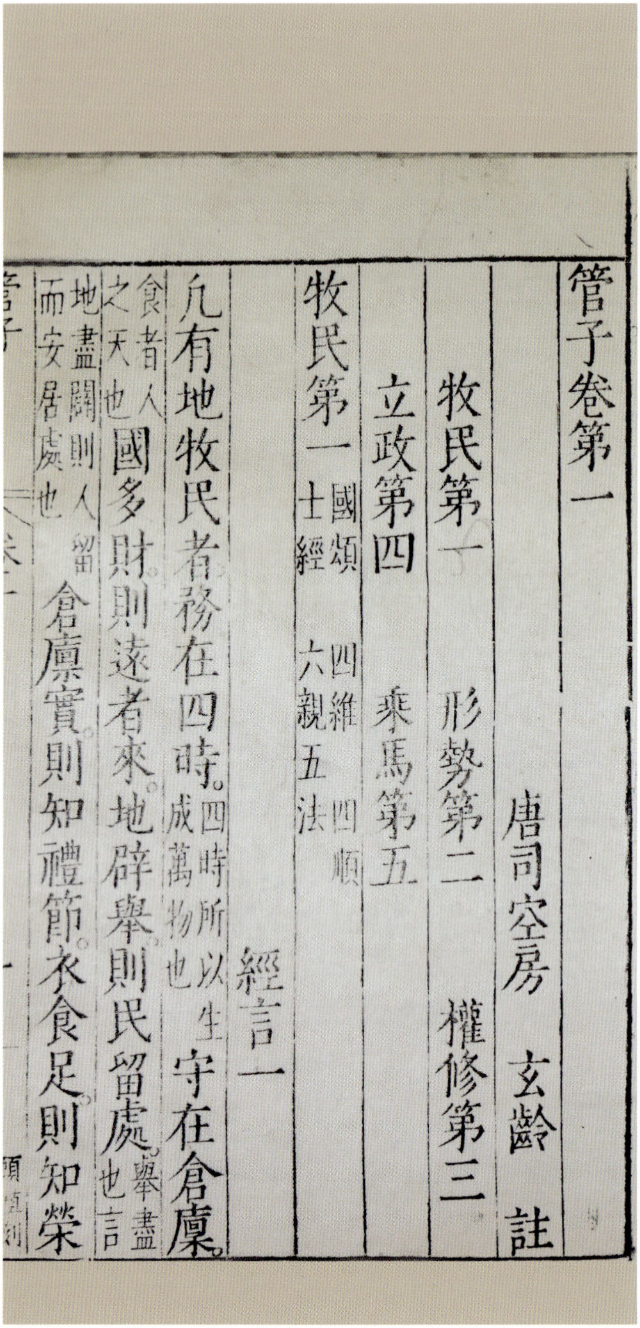

管子卷第一

唐司空房　玄齡　註

牧民第一　形勢第二　權修第三

立政第四　乘馬第五

牧民第一　國頌　四維　四順　士經　六親　五法

經言一

凡有地牧民者務在四時。四時所以生成萬物也守在倉廩。食者人之天也國多財則遠者來。地辟舉則民留處。舉盡也言地盡闢則人留而安居處也倉廩實則知禮節。衣食足則知榮

管子　卷一　一

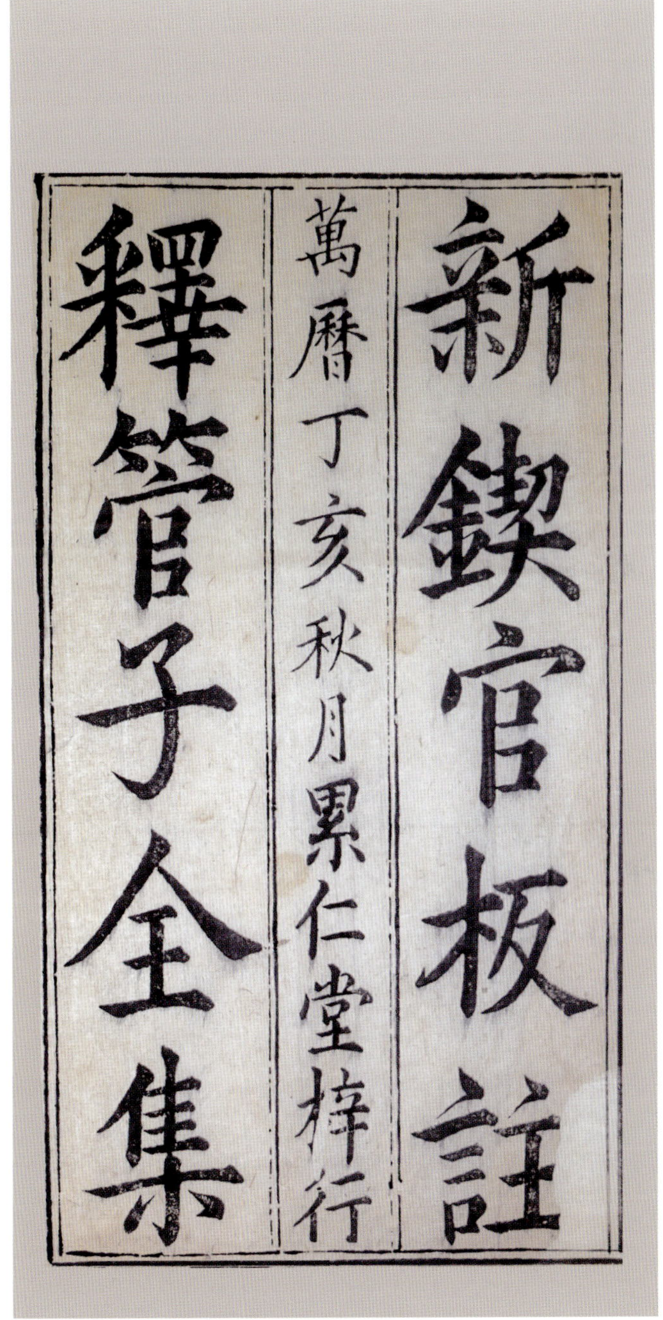

新鍥官板注釋管子全集二十四卷（唐）房玄齡注
明萬曆十五年（1587）累仁堂刻本

管子書序

管子舊書凡三百八十九篇漢劉向校除其重複定著爲八十六篇今亡十篇近世所傳往往淆亂至不可讀余行求古善本庶幾遇之者幾幾十年始得之友人秦汝立氏其大章僅完整而句字復多紕錯乃

管子　序　二

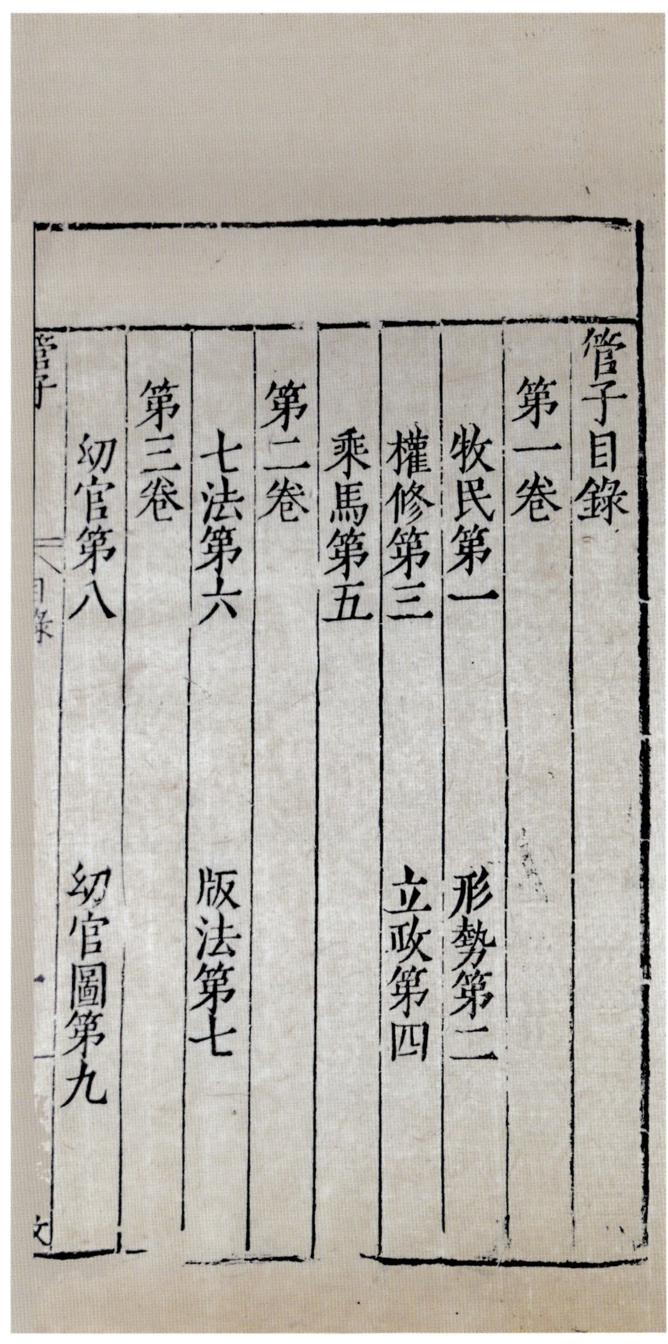
管子目録
第一卷
牧民第一　形勢第二
權修第三　立政第四
乘馬第五
第二卷
七法第六　版法第七
第三卷
幼官第八　幼官圖第九
管子　目録

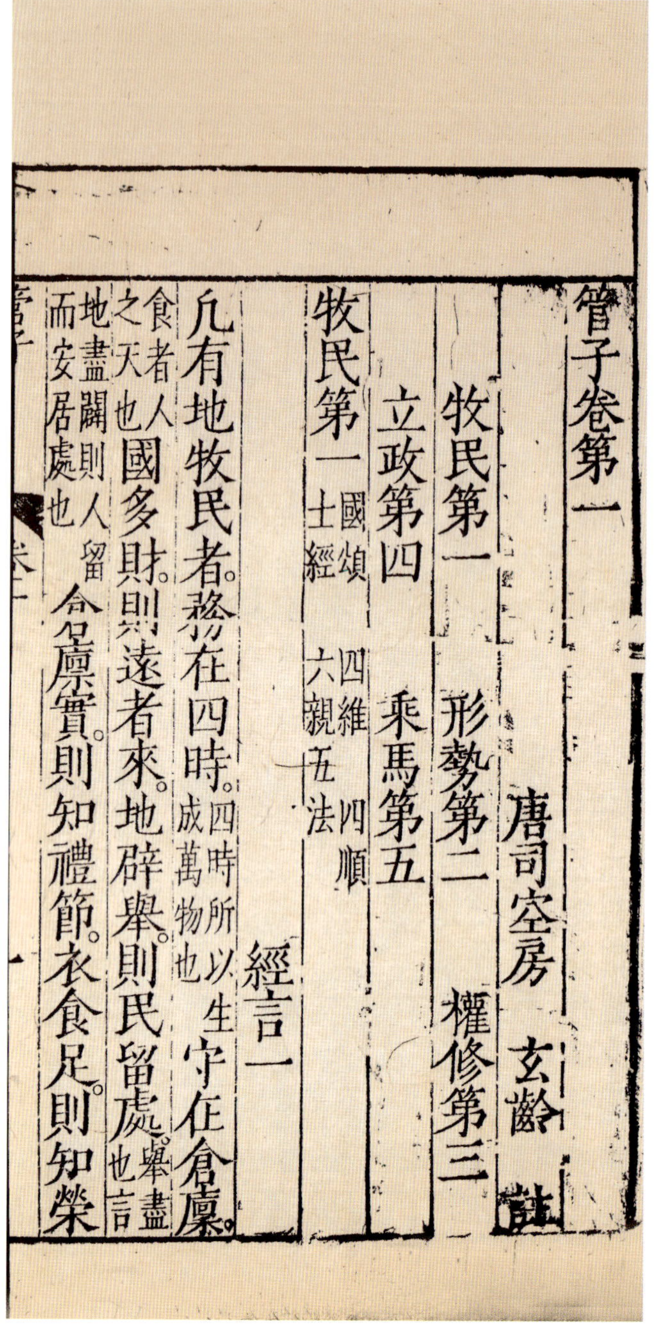

管子卷第一

唐司空房　玄齡　註

牧民第一　形勢第二　權修第三

立政第四　乘馬第五

牧民第一　國頌　四維　四順　士經　六親　五法

經言一

凡有地牧民者。務在四時。四時所以生成萬物也守在倉廩。食者人之天也國多財。則遠者來。地辟舉。則民留處。舉盡也言地盡闢則人留而安居處也倉廩實。則知禮節。衣食足。則知榮

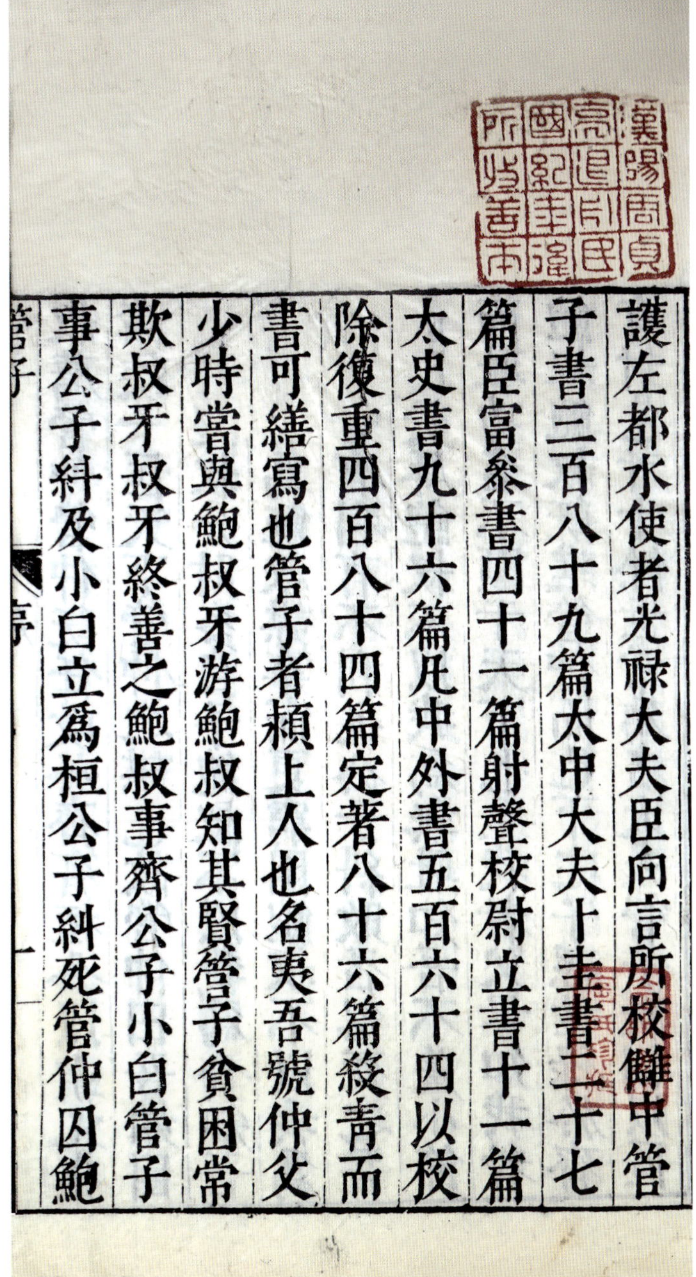

護左都水使者光祿大夫臣向言所校讎中管子書三百八十九篇太中大夫卜圭書二十七篇臣富參書四十一篇射聲校尉立書十一篇太史書九十六篇凡中外書五百六十四以校除復重四百八十四篇定著八十六篇殺青而書可繕寫也管子者潁上人也名夷吾號仲父少時嘗與鮑叔牙游鮑叔知其賢管子貧困常欺叔牙叔牙終善之鮑叔事齊公子小白管子事公子糾及小白立爲桓公子糾死管仲囚鮑

管子　序　一

管子二十四卷（明）吳勉學校

明萬曆（1573－1620）吳勉學刻本

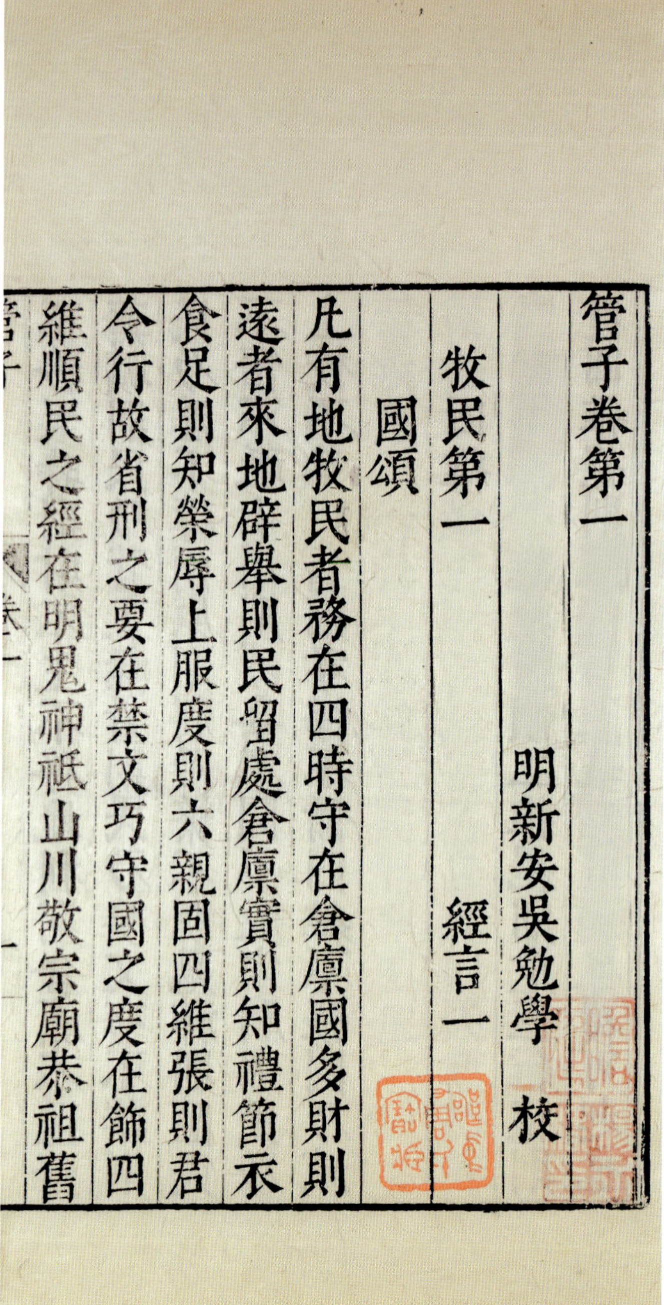
管子卷第一
明新安吴勉學　校
牧民第一　經言一
國頌
凡有地牧民者務在四時守在倉廩國多財則
遠者來地辟舉則民留處倉廩實則知禮節衣
食足則知榮辱上服度則六親固四維張則君
令行故省刑之要在禁文巧守國之度在飾四
維順民之經在明鬼神祗山川敬宗廟恭祖舊

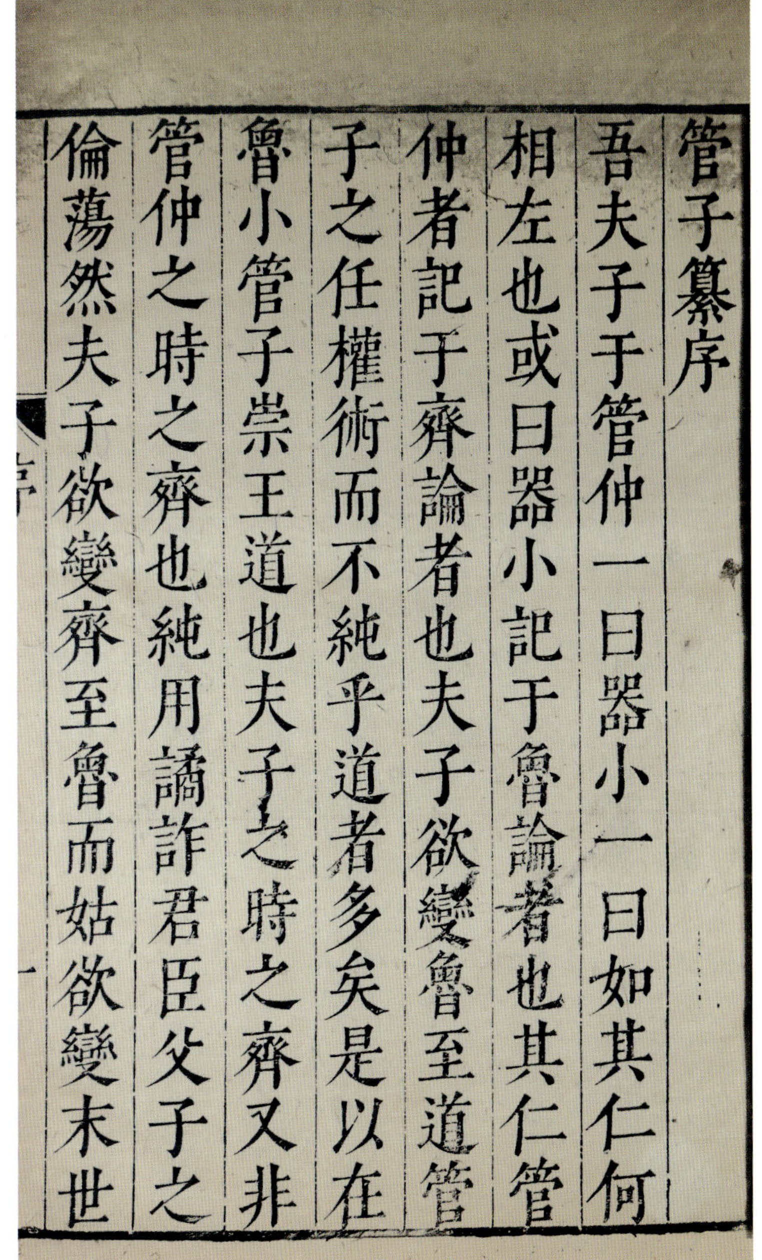

管子纂序

吾夫子于管仲一曰器小一曰如其仁何相左也或曰器小記于魯論者也其仁管仲者記于齊論者也夫子欲變魯至道管子之任權術而不純乎道者多矣是以在魯小管子崇王道也夫子之時之齊又非管仲之時之齊也純用譎詐君臣父子之倫蕩然夫子欲變齊至魯而姑欲變末世

群言液五種（明）張榜輯（明）王與籽糾僞（明）武光賜據釋（明）王與夔等評次

明萬曆（1573－1620）刻本

包含：管子纂兩卷、楊子法言纂一卷、呂覽纂一卷、韓非子纂兩卷、淮南鴻烈解輯略兩卷

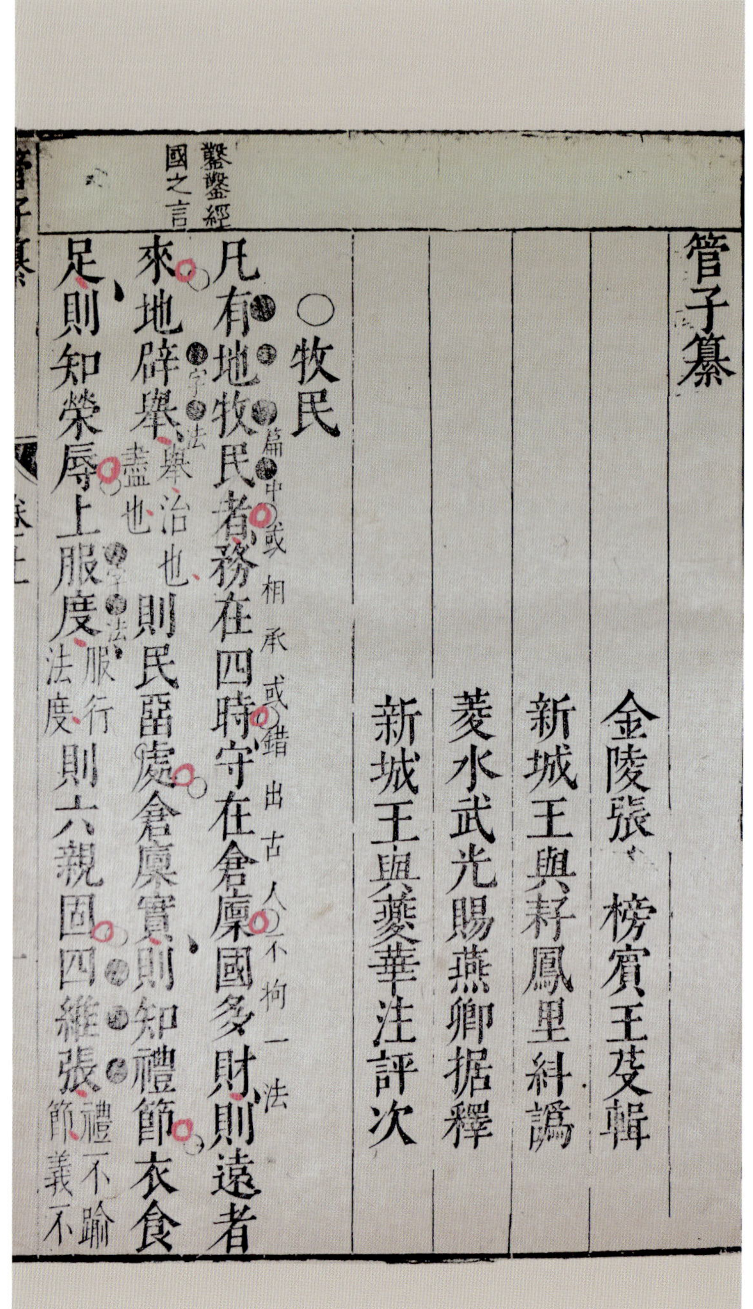

鑿鑿經國之言

管子纂

金陵張榜賓王芟輯

新城王與籽鳳里紏譌

菱水武光賜燕卿据釋

新城王與夔華注評次

○牧民

凡有地牧民者（篇中或相承或錯出古人不拘一法）務在四時守在倉廩國多財則遠者來地辟舉（舉治也盡也）則民留處倉廩實則知禮節衣食足則知榮辱上服度（服行法度）則六親固四維張（禮不踰節義不）

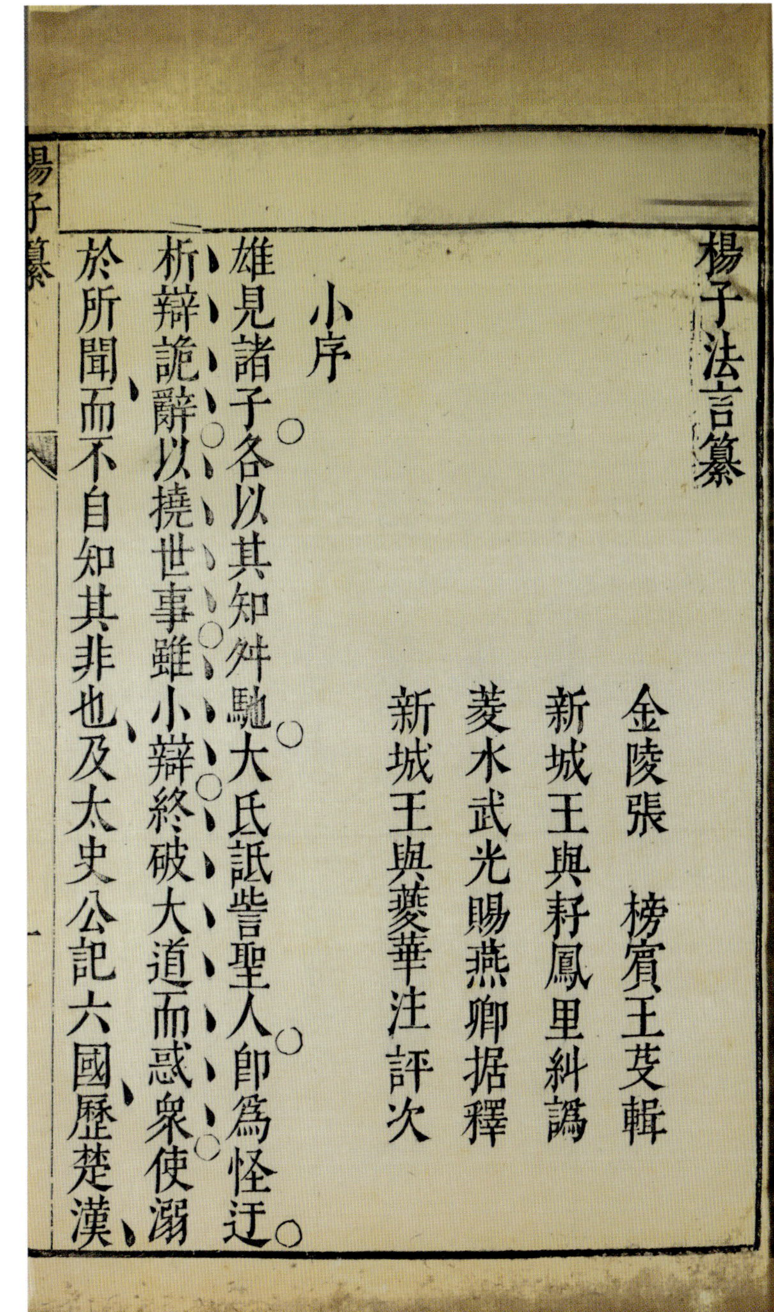

楊子法言纂

金陵張　榜賓王芟輯

新城王與耔鳳里糾譌

菱水武光賜燕卿据釋

新城王與夔華注評次

小序

雄見諸子各以其知舛馳大氐詆訾聖人卽為怪迂析辯詭辭以撓世事雖小辯終破大道而惑衆使溺於所聞而不自知其非也及太史公記六國歷楚漢

楊子纂　一

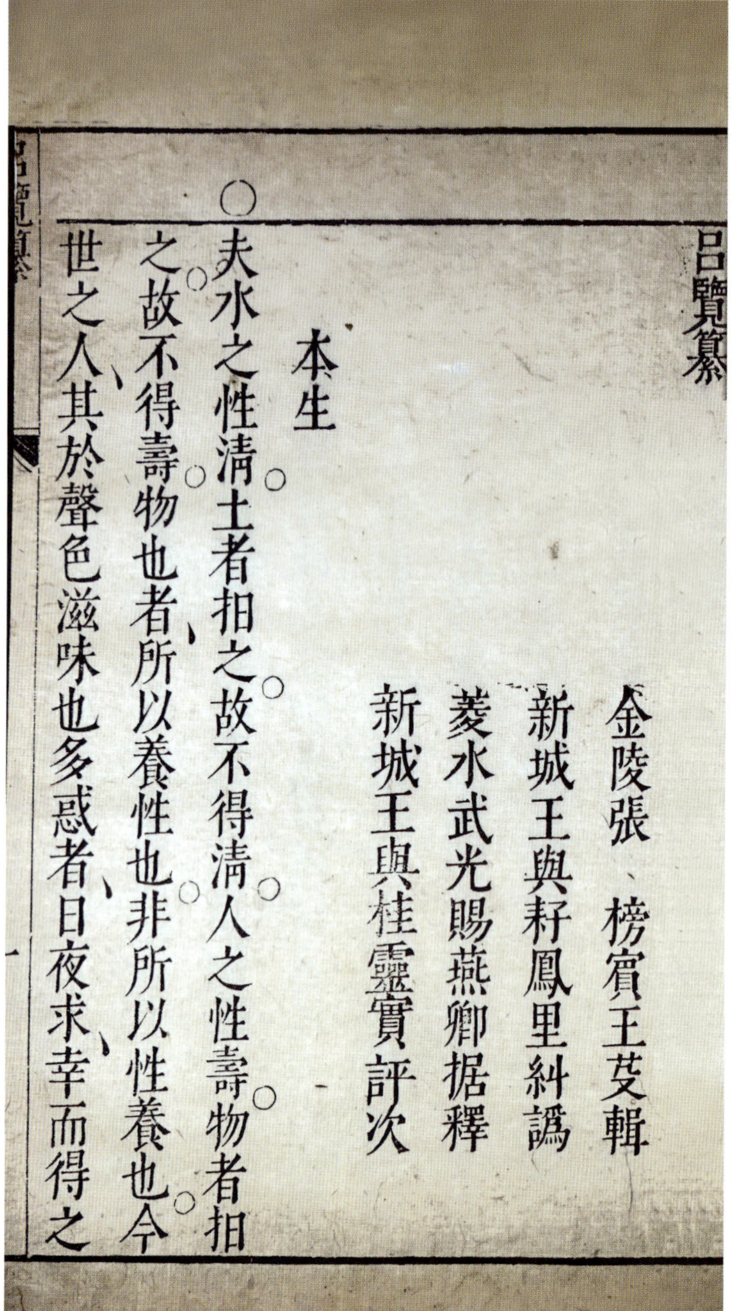

呂覽纂

金陵張榜賓王芝輯
新城王與耔鳳里糾譌
菱水武光賜燕卿据釋
新城王與桂靈實評次

本生

夫水之性清土者扣之故不得清人之性壽物者扣之故不得壽物也者所以養性也非所以性養也今世之人其於聲色滋味也多惑者日夜求幸而得之

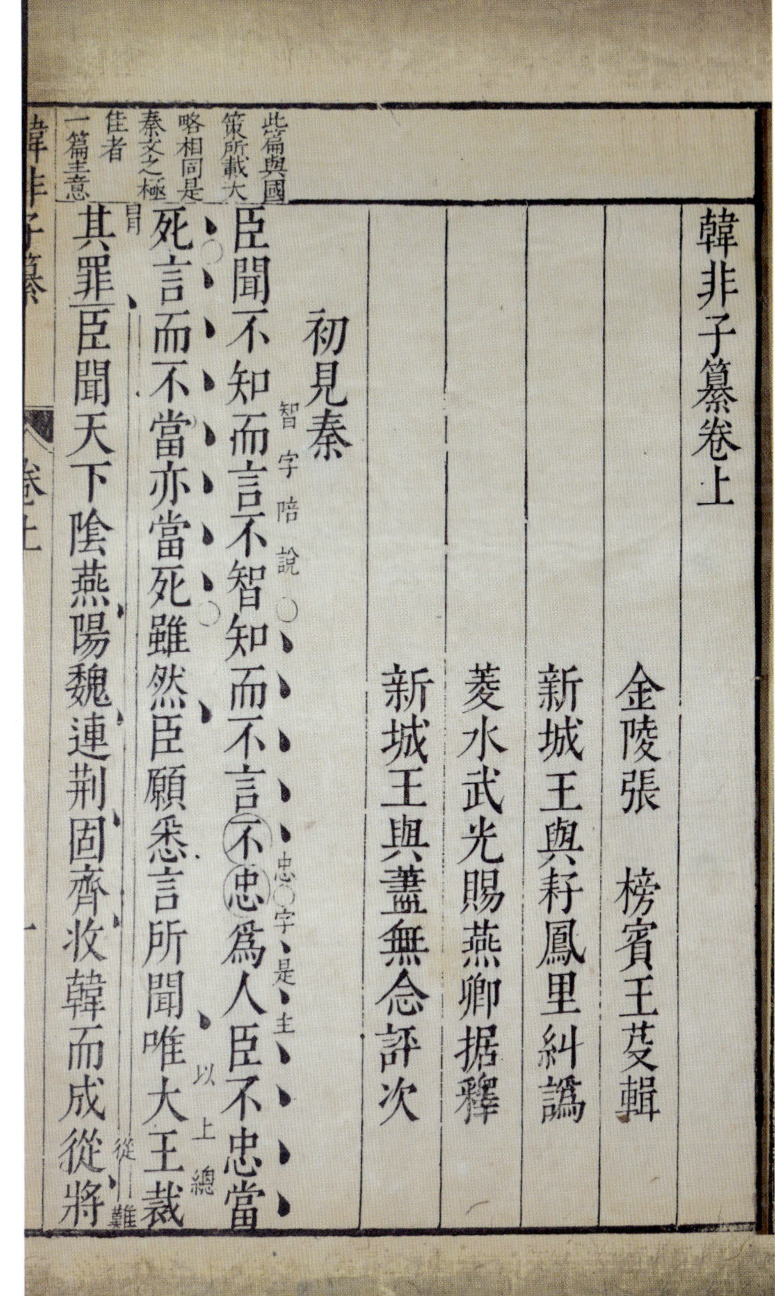
韓非子纂卷上

金陵張　榜賓王芟輯

新城王與耔鳳里糾譌

菱水武光賜燕卿据釋

新城王與藎無念評次

初見秦

此篇與國策所載大略相同是秦文之極佳者

一篇主意

臣聞不知而言不智（智字陪說）知而不言不忠（忠字是主）爲人臣不忠當死言而不當亦當死雖然臣願悉言所聞唯大王裁（以上總目）其罪臣聞天下陰燕陽魏連荆固齊收韓而成從將（從難）

韓非子纂　卷上　一

淮南鴻烈解𨋍略上卷

金陵張　榜賔王芟𨋍

新城王與籽鳳里斜譌

菱水武光賜燕卿据釋

新城王與桂靈實評次

原道訓第一

夫道者、覆天載地、廓四方、柝托八極、包裹天地、禀授無形、源流泉浡、沖而徐盈、混混汩汩、濁而徐清、約而能張、幽而能明、弱而能強、柔而能剛、横四維而含陰

原道訓一　　一

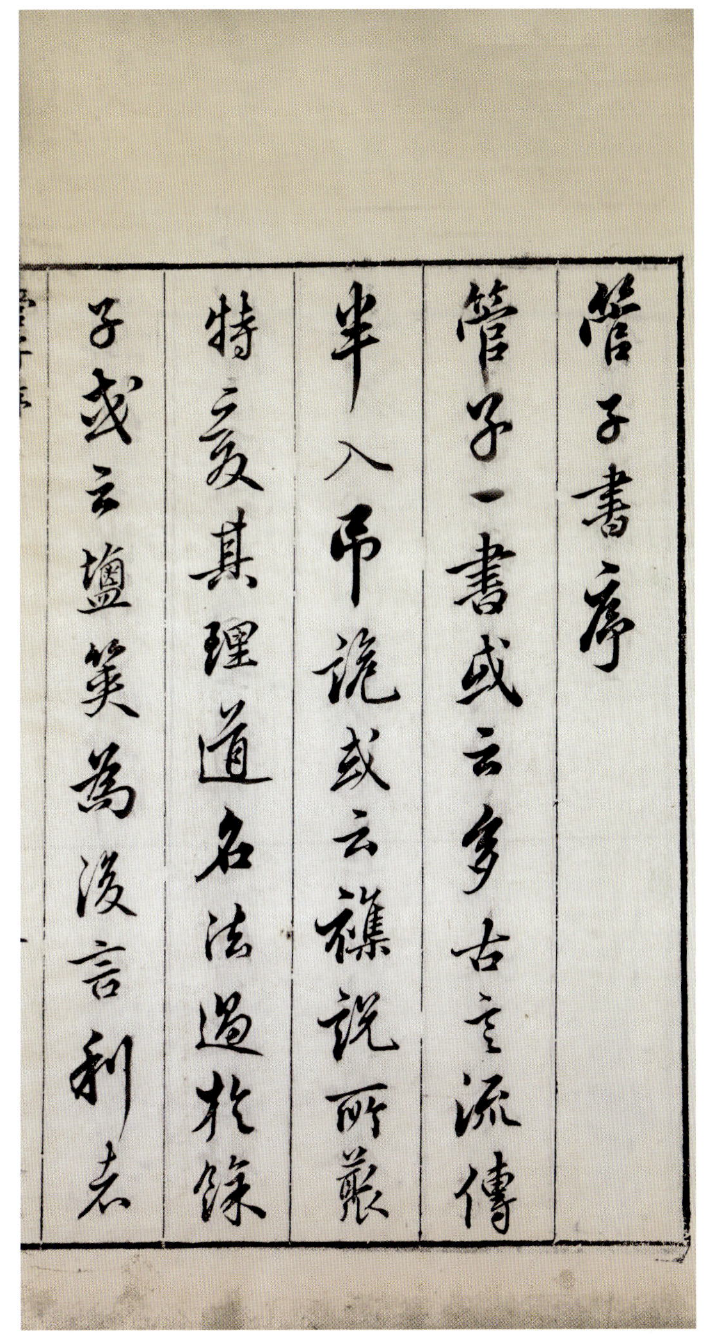
管子書序
管子一書或云多古文流傳
半入而詭或云襍說所亂
特發其理道名法過於絲
子或云壇筴為後言利者

管子二十四卷（唐）房玄齡注（唐）劉績增注（明）朱長春通演（明）沈鼎新、朱養純參評（明）朱養和輯訂
明天啓（1621－1627）花齋刻本

張榜評篇中或相承或錯出古人不拘一法

管子卷第一

唐　臨菑房玄齡　註釋　　明西湖　沈鼎新自玉

盧泉劉績　增註　　朱養純元一　參評

明　朱長春　通演　　朱養和元冲　輯訂

牧民第一　國頌　四維　四順　士經　六親　五法　經言一

凡有地牧民者務在四時（四時所以生成萬物也）守在倉廩（食者人之天也）國多財則遠者來地辟舉則民留處（舉盡也言地盡闢則人留而安居處也）倉廩實則知禮節衣食足則知榮辱上服度則六親固（服行也上行禮度則六親各得其所故能感恩而結固之六親謂父母兄弟妻

合諸名家評訂管子全書二十四卷（唐）房玄齡注釋（唐）劉績增注（明）朱長春通演（明）沈鼎新、朱養純參評（明）朱養和輯訂
明天啓五年（1625）花齋刻本

天啟乙丑孟冬下浣五日
西湖九一朱養純撰

楊愼評轉出韓祖轉開轉大後立七目爲分疏爲設一喻末後反振作收絕妙文字

管子卷第二

唐　臨菑房玄齡　註釋　明西湖　沈鼎新自玉　參評

蘆泉劉　績　增註　　朱養純元一

明西吳朱長春　通演　　朱養和元冲　輯訂

七法第六　謂則象法化決塞心術計數　經言六

言是而不能立，言非而不能廢，謂之是不能立而用之。謂之非。不能廢其人而退之。有功而不能賞，有罪而不能誅，若是而能治民者，未之有也。是必立，非必廢，有功必賞，有罪必誅，若是安治矣。未也。能此四者。可以安治矣。而猶未者。則以未具下事故。是何也。

而若不相粘陡然特出奇甚

沈鹗新評七法即器數理分也竪義比類極精鑿

法化決塞心術計數。此七決之目也[春通]則象士法六承。治民有器。唯計數合治兵
言。爲兵勝敵申在後。兵數選陳。而正天下略
具于中。總一篇文字。故日以上是一目頭。根天地
之氣寒暑之和水土之性人民鳥獸草木之生物雖
不甚多。皆均有焉。而未嘗變也。謂之則。根。元也生萬物者。天地之
元氣也。義也名也時也似也類也比也狀也謂之象義者
所以合宜也。名者。所以命事也。時者。名有所當
也。似類比狀。謂立法者。必有所倣倣。不徒然也。尺寸
也繩墨也規矩也衡石也斗斛也角量也謂之法角亦
器量之名。凡此十二事皆立政者。所以爲法也。漸也順也靡也久也服也習
也謂之化漸謂草物當以漸也。順也。靡也。謂物順教而風靡也。人也。服也。習也。謂人習服教念

管子　卷二　二　花齋藏版

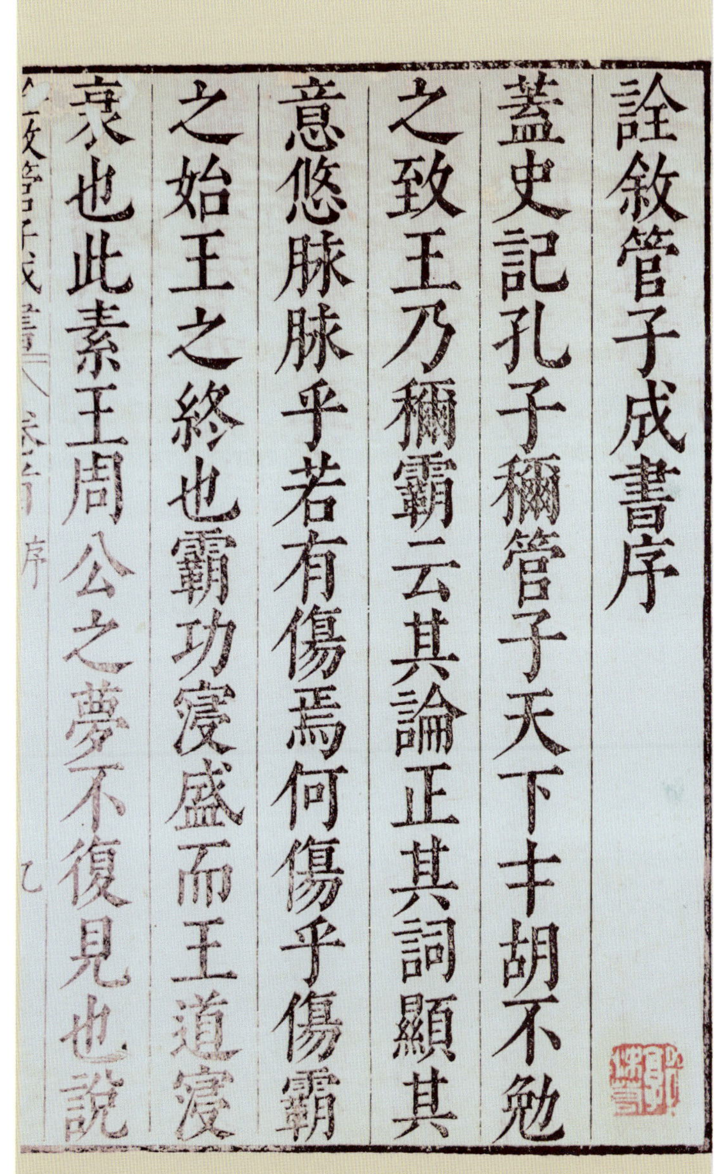
詮敘管子成書序

蓋史記孔子稱管子天下丰胡不勉之致王乃稱霸云其論正其詞顯其意悠脉脉乎若有傷焉何傷乎傷霸之始王之終也霸功寖盛而王道寖衰也此素王周公之夢不復見也說

詮敘管子成書十五卷（唐）房玄齡注（明）梅士享詮敘
明天啓五年（1625）刻本

詮敘管子成書序

古稱有立德立功立言若參而不相
攝不知未有無德而能建功無其言
而能垂訓實相須爲用藉以不朽言
有以人民稱述而傳者虞夏之典謨
商周之雅頌是也若夫大禹之禹貢

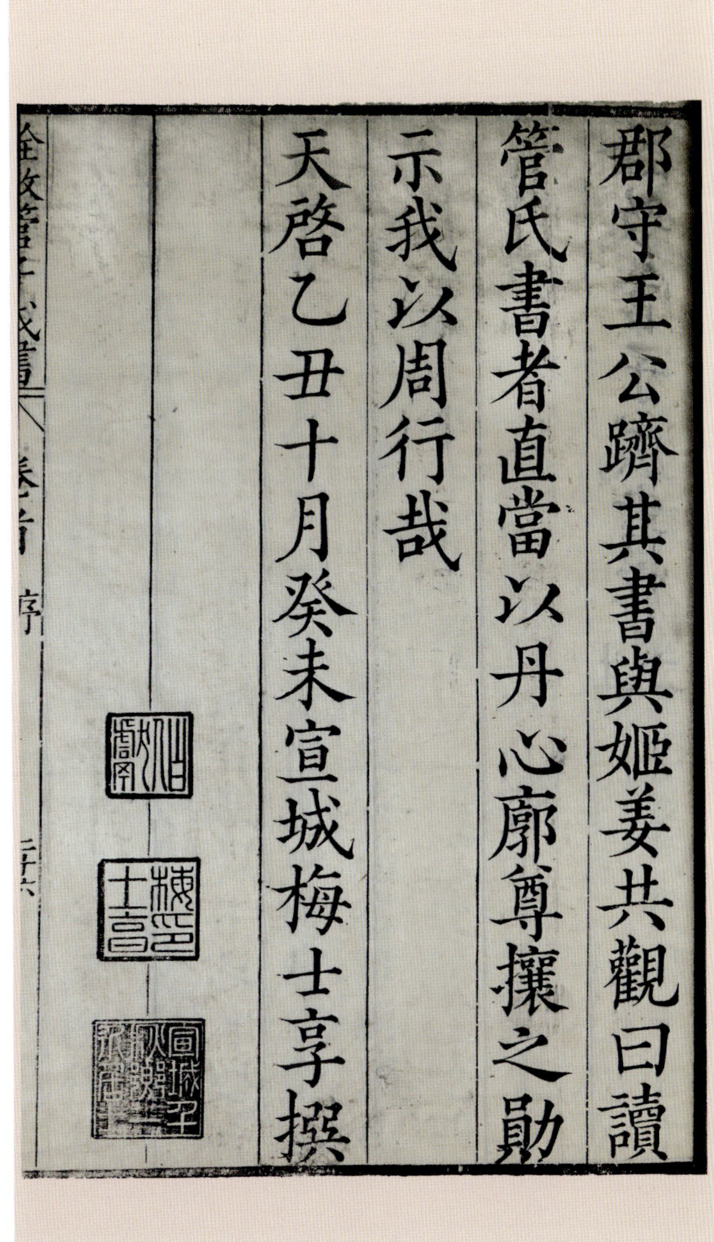

郡守王公躋其書與姬姜共觀曰讀
管氏書者直當以丹心廓尊攘之勛
示我以周行哉
天啓乙丑十月癸未宣城梅士亨撰

銓敘管子成書　卷首　序　二十六

詮敘管子成書卷第二

唐　齊州房玄齡　註

明　宣城梅士享　詮敘

權修第五　立政第六

立政九敗解第七　乘馬第八

七法第九

權修第五權者所以知輕重也君人者必知事之輕重然後國可爲故須修權［享按］修權則重自君操之故無敗國之事

經言三

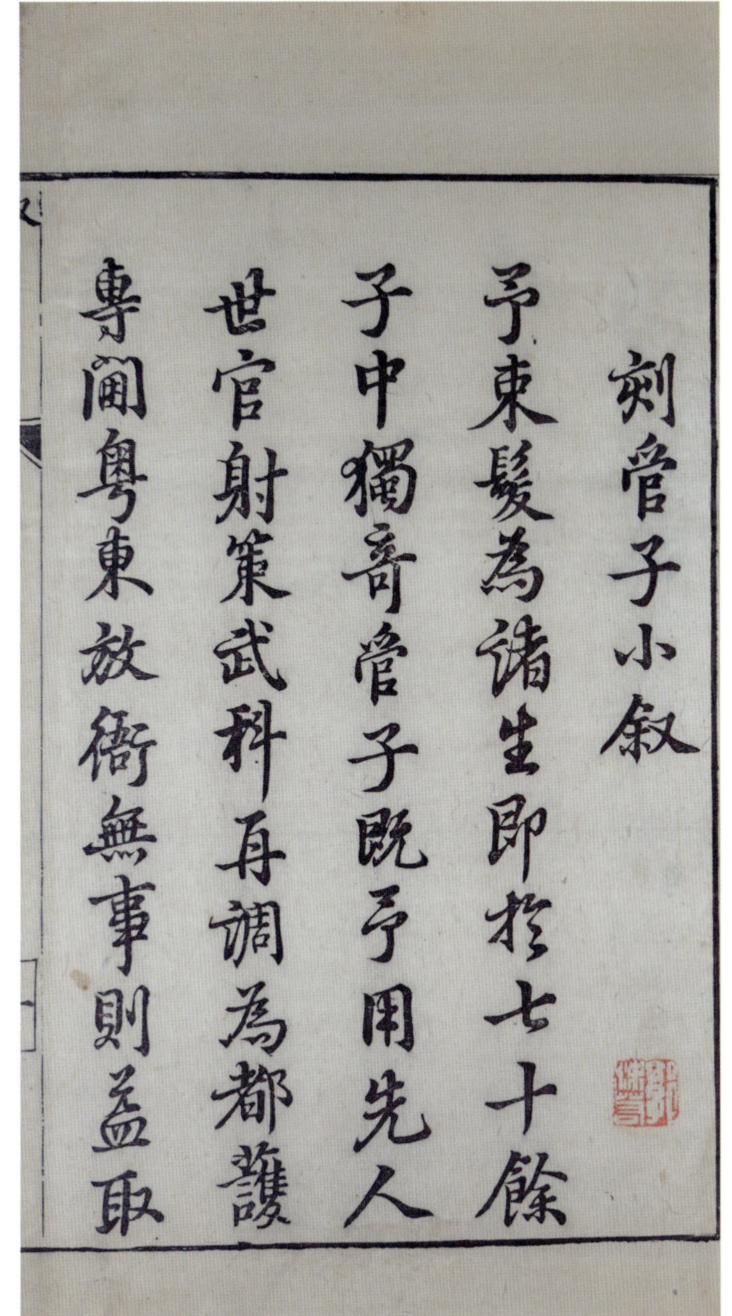

刻管子小敘

予束髮為諸生即於七十餘子中獨嗜管子既予用先人世官射策武科再調為都護專閫粵東放衙無事則益取

管子纂注二卷（明）姚鎮東輯
明崇禎四年（1631）刻本

姚壺白先生管子註序

經生之學高譚仁義而賤語富彊兢〻前聞以不愧仲尼之徒云爾嗚乎此孱弱之病深中於天下而不可起肽則富彊者今

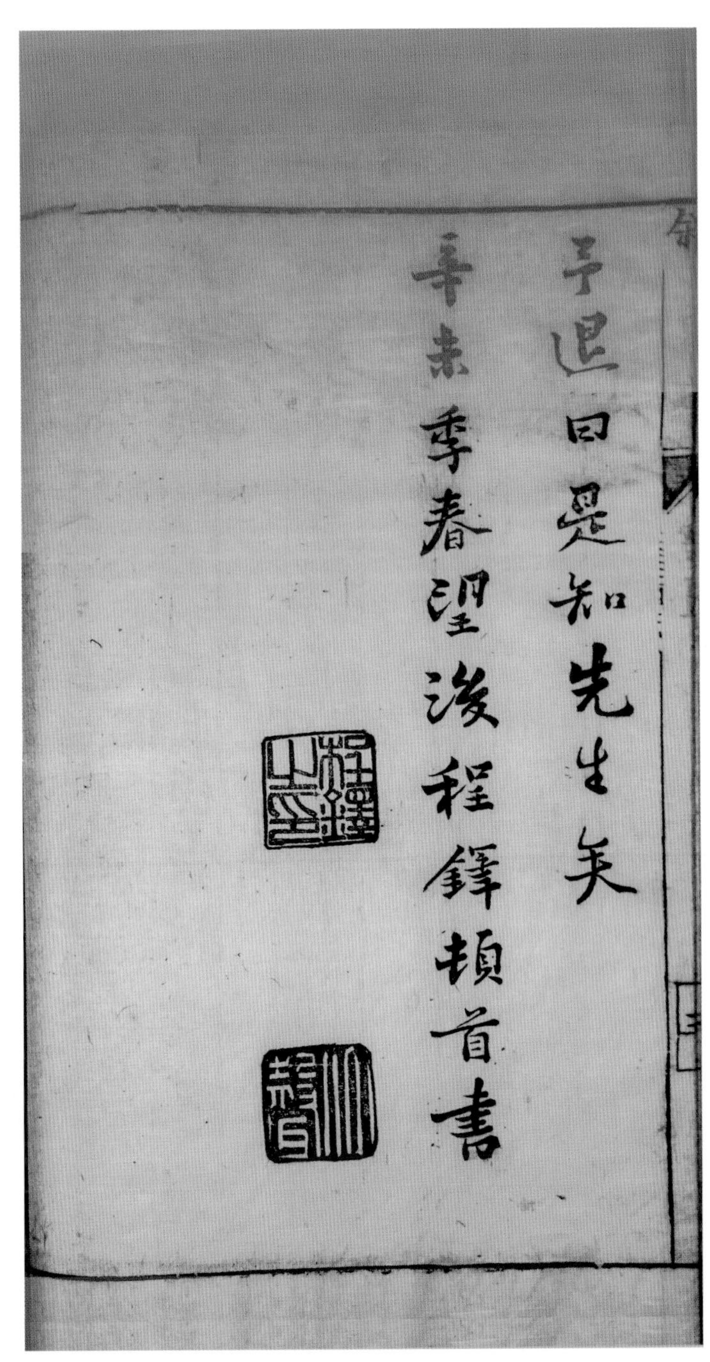

予退曰是知先生矣
辛未季春望後程鏵頓首書

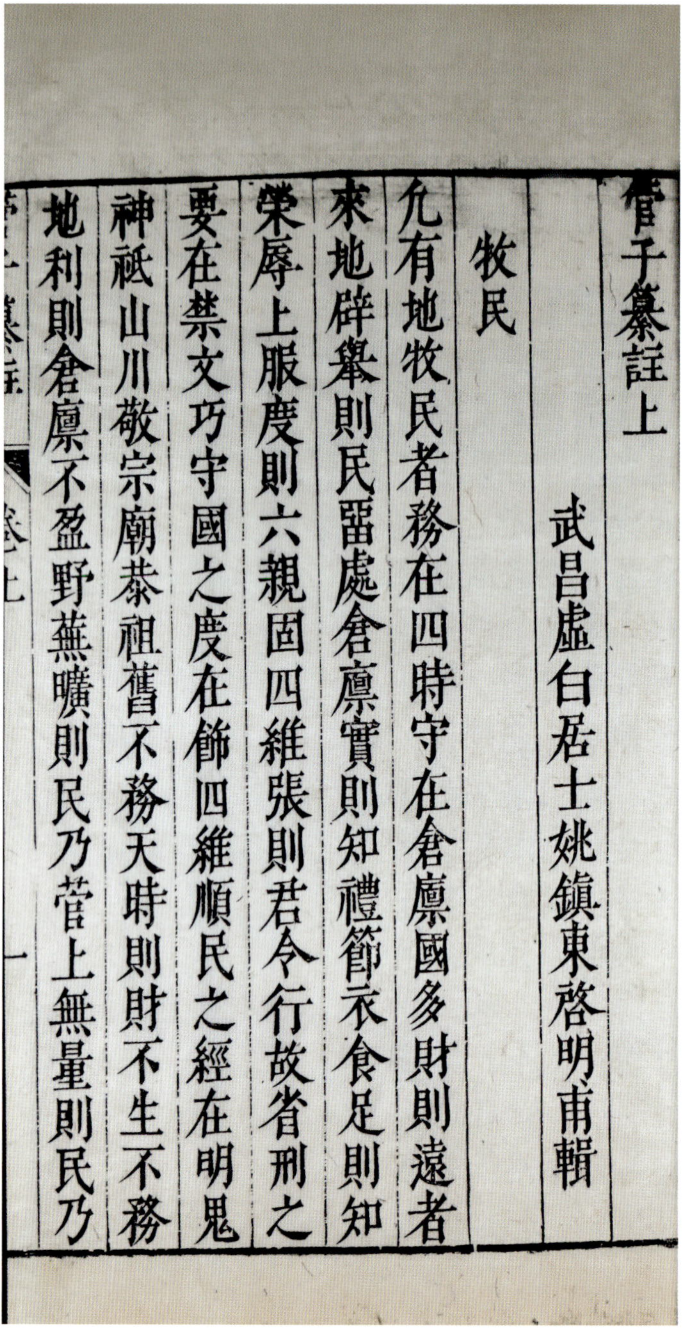

管子纂註上

武昌盧白居士姚鎮東啓明甫輯

牧民

凡有地牧民者務在四時守在倉廩國多財則遠者來地辟舉則民留處倉廩實則知禮節衣食足則知榮辱上服度則六親固四維張則君令行故省刑之要在禁文巧守國之度在飾四維順民之經在明鬼神祇山川敬宗廟恭祖舊不務天時則財不生不務地利則倉廩不盈野蕪曠則民乃菅上無量則民乃

管子纂註　卷上　一

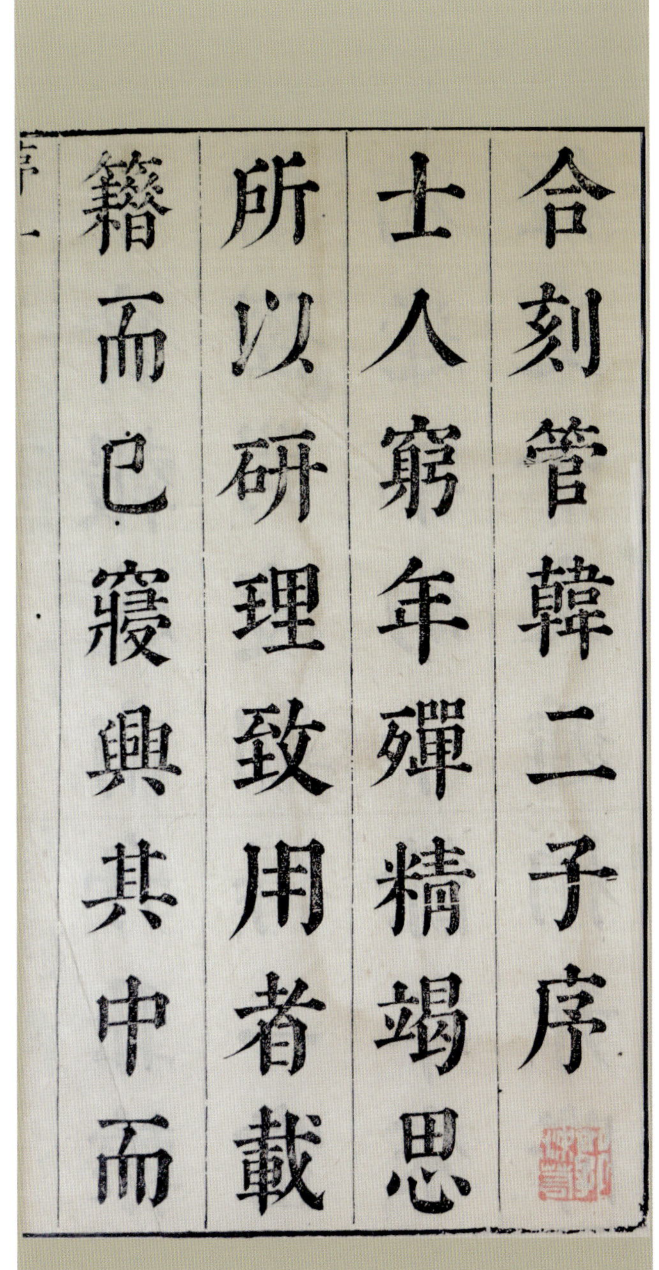
合刻管韓二子序

士人窮年殫精竭思所以研理致用者載籍而已寢興其中而

合刻管韓二子四十卷（明）葛鼎、丁此聘訂閲
明崇禎十一年（1638）葛鼎刻本
包含：管子二十四卷、韓子二十卷

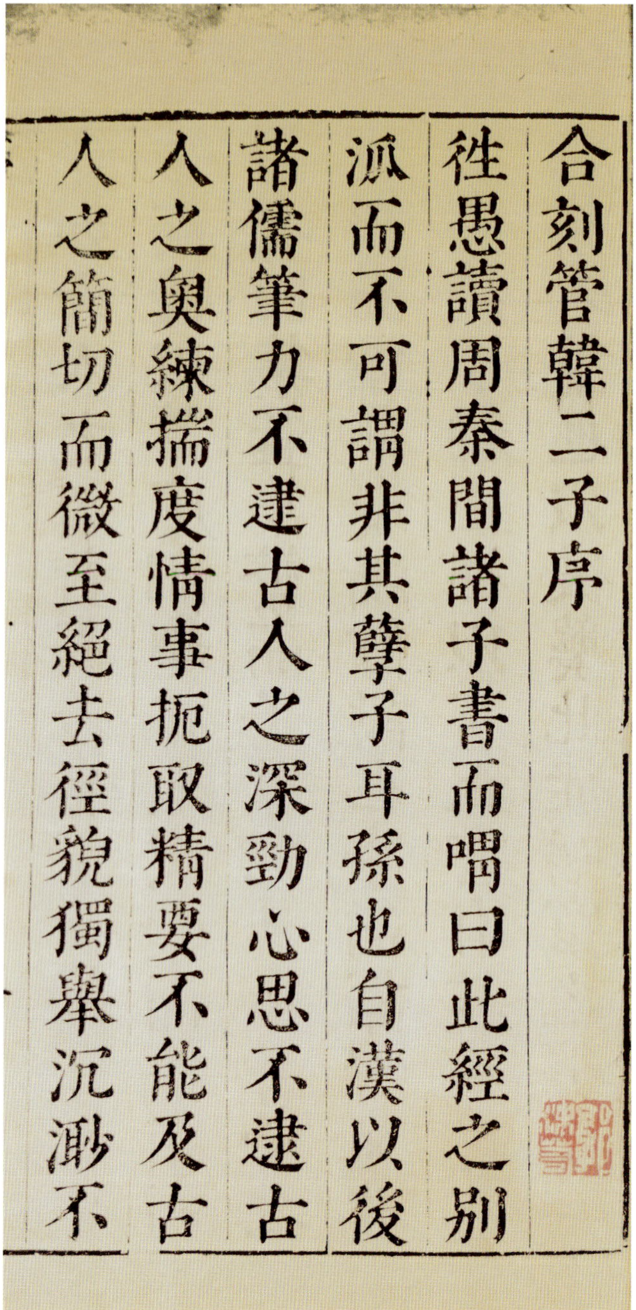

合刻管韓二子序

徃愚讀周秦閒諸子書而喟曰此經之別派而不可謂非其孽子耳孫也自漢以後諸儒筆力不逮古人之深勁心思不逮古人之奥練揣度情事扼取精要不能及古人之簡切而微至絕去徑竅獨舉沉渺不

文集而其格遂卑葢質則古而難移浮
則暢而易取也故濂園而下韓爲諸子
之前茅柱下史而下管爲六經之後勁
余兄將盡刻諸子書而獨以二子先豈
徒鏡通夫世務抑亦妙解於文格也夫
崇禎十一年九月初八日弟鼏端調氏書

梅士孚曰管子才可謀王圖殊便見規模宏遠
張榜曰篇中或相承或錯出古人不拘一法

管子卷一

牧民第一　　經言一

國頌

古吳　葛鼎　丁此聘　訂閱

凡有地牧民者○務在四時○守在倉廩○國多財○則遠者來○地辟舉○則民留處○倉廩實○則知禮節○衣食足○則知榮辱○上服度○則六親固○四維張○則君令行○故省刑之要○在禁文巧○守國之度○在飾四維○順民之經○在明鬼神○祗山川○敬宗廟○恭○祖○舊○不務天時○則財

管子傳

漢　司馬遷　譔

管仲夷吾者潁上人也少時常與鮑叔牙游鮑叔知其賢管仲貧困常欺鮑叔鮑叔終善遇之不以為言已而鮑叔事齊公子小白管仲事公子糾及小白立為桓公公子糾死管仲囚焉鮑叔遂進管仲管仲既用任政於齊齊桓公以霸九合諸侯一匡天下管仲之謀也管仲曰吾始困時嘗與鮑叔賈分財利多自與鮑叔不以我為貪知我貧也吾嘗為鮑叔謀事而更窮困鮑叔不以我為愚知時有利不利也吾嘗三仕三見逐於君鮑叔

管子二十四卷

明刻十行無注本

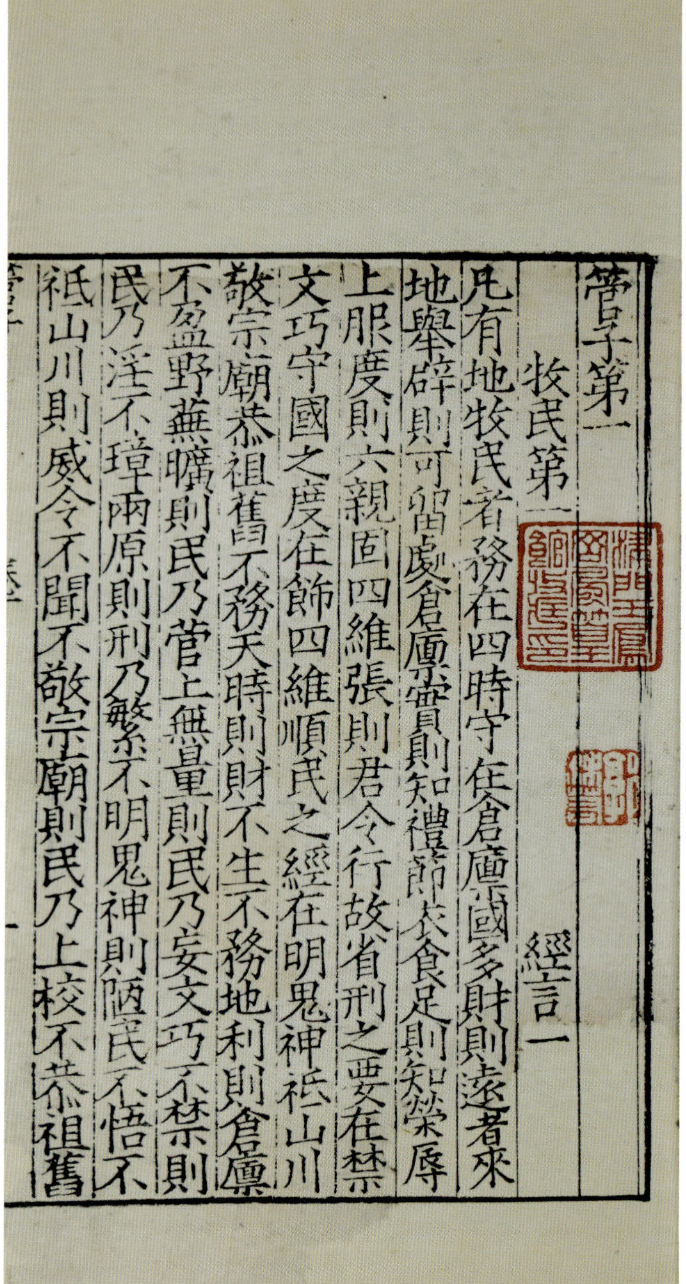

管子第一

牧民第一　　經言一

凡有地牧民者務在四時守在倉廩國多財則遠者來
地舉辟則可留處倉廩實則知禮節衣食足則知榮辱
上服度則六親固四維張則君令行故省刑之要在禁
文巧守國之度在飾四維順民之經在明鬼神祗山川
敬宗廟恭祖舊不務天時則財不生不務地利則倉廩
不盈野蕪曠則民乃菅上無量則民乃妄文巧不禁則
民乃淫不璋兩原則刑乃繁不明鬼神則陋民不悟不
祗山川則威令不聞不敬宗廟則民乃上校不恭祖舊

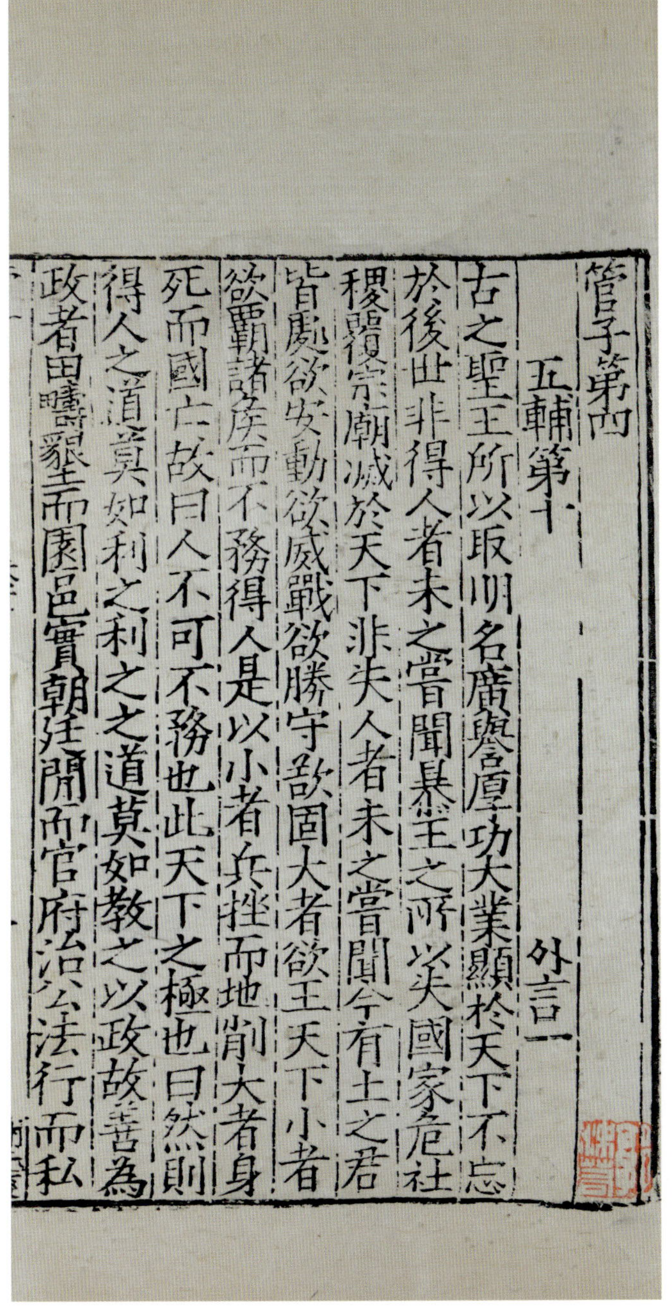
管子第四　　外言一

五輔第十

古之聖王所以取明名廣譽厚功大業顯於天下不忘於後世非得人者未之嘗聞暴王之所以失國家危社稷覆宗廟滅於天下非失人者未之嘗聞今有土之君皆處欲安動欲威戰欲勝守欲固大者欲王天下小者欲霸諸侯而不務得人是以小者兵挫而地削大者身死而國亡故曰人不可不務也此天下之極也曰然則得人之道莫如利之利之之道莫如教之以政故善為政者田疇墾而國邑實朝廷閑而官府治公法行而私

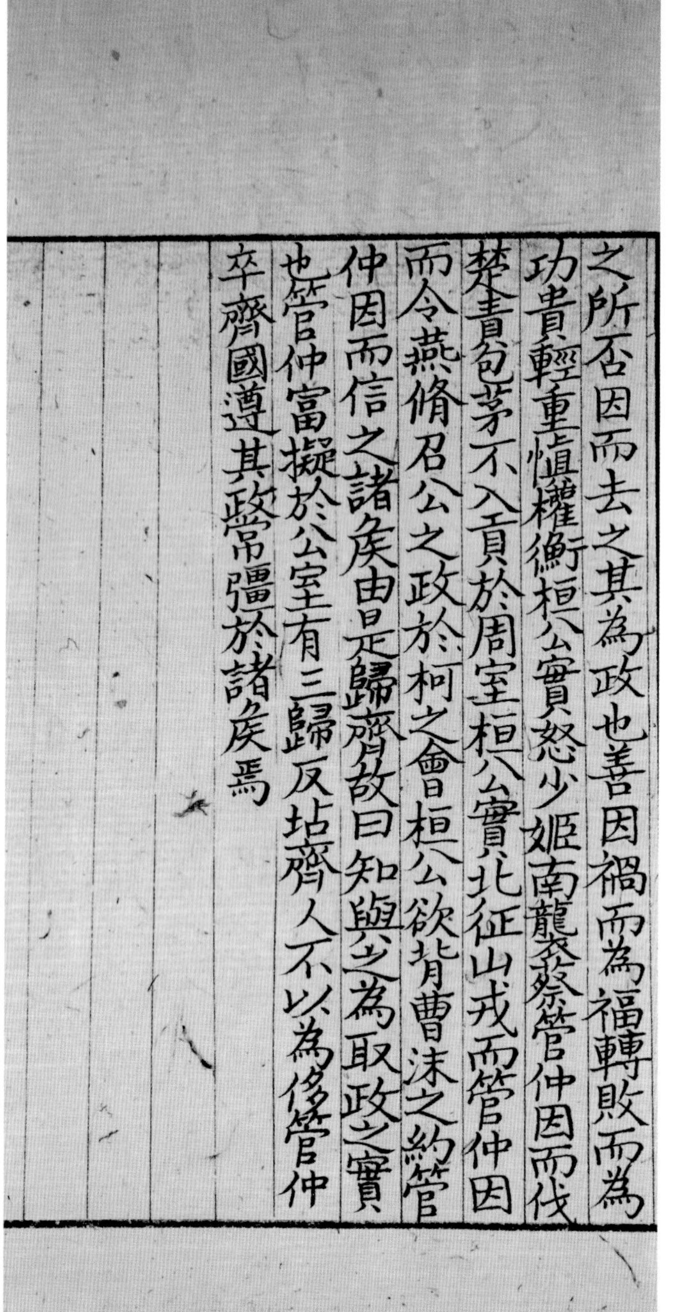

之所否因而去之其為政也善因禍而為福轉敗而為
功貴輕重慎權衡桓公實怒少姬南襲蔡管仲因而伐
楚責包茅不入貢於周室桓公實北征山戎而管仲因
而令燕脩召公之政於柯之會桓公欲背曹沫之約管
仲因而信之諸侯由是歸齊故曰知與之為取政之實
也管仲富擬於公室有三歸反坫齊人不以為侈管仲
卒齊國遵其政常彊於諸侯焉

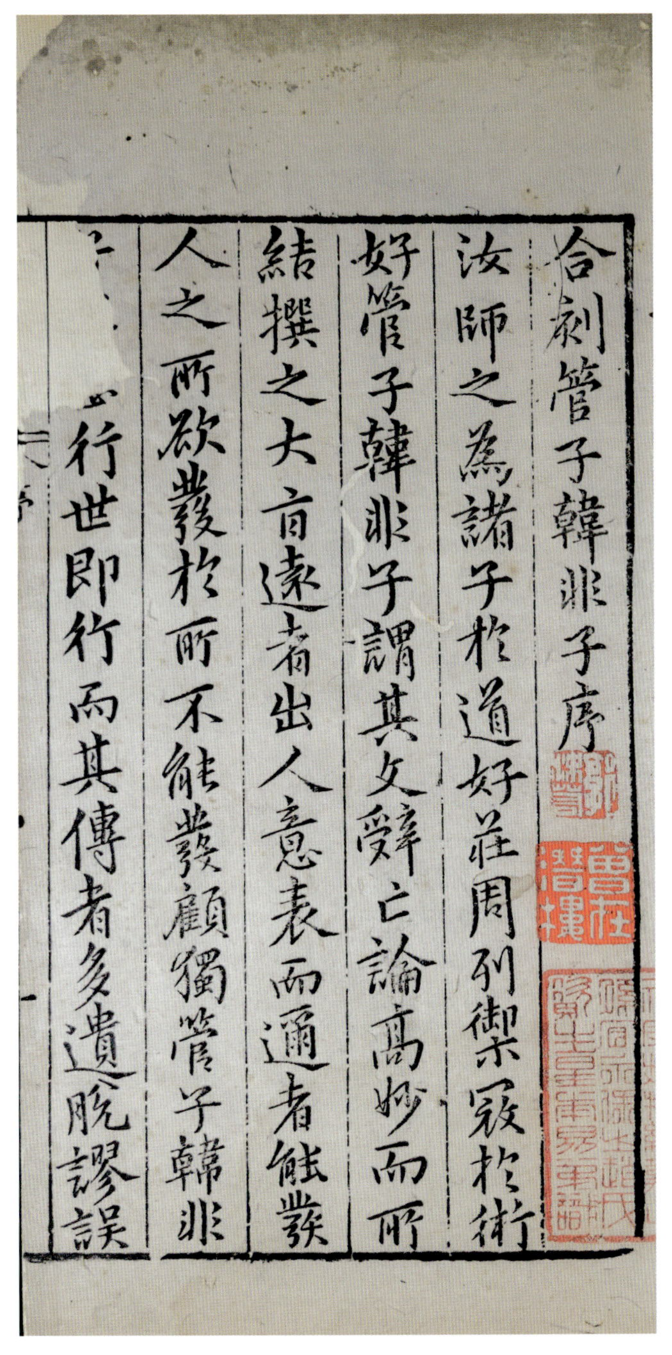
合刻管子韓非子序
汝師之爲諸子於道好莊周列禦寇於術
好管子韓非子謂其文辭亡論高妙而所
結撰之大旨遠者出人意表而邇者能發
人之所欲發於所不能發顧獨管子韓非
行世即行而其傳者多遺脫謬誤

管子二十四卷（唐）房玄齡注（明）趙用賢校勘
明翻刻趙用賢本

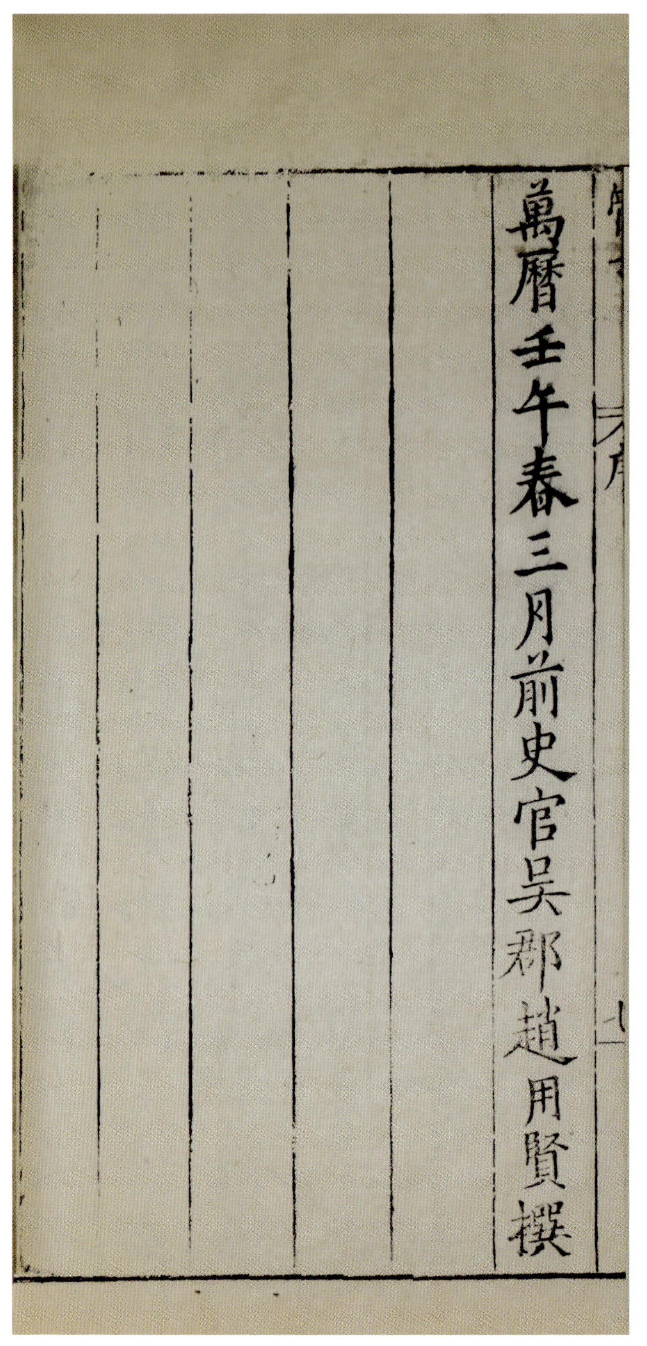

萬曆壬午春三月前史官吴郡趙用賢撰

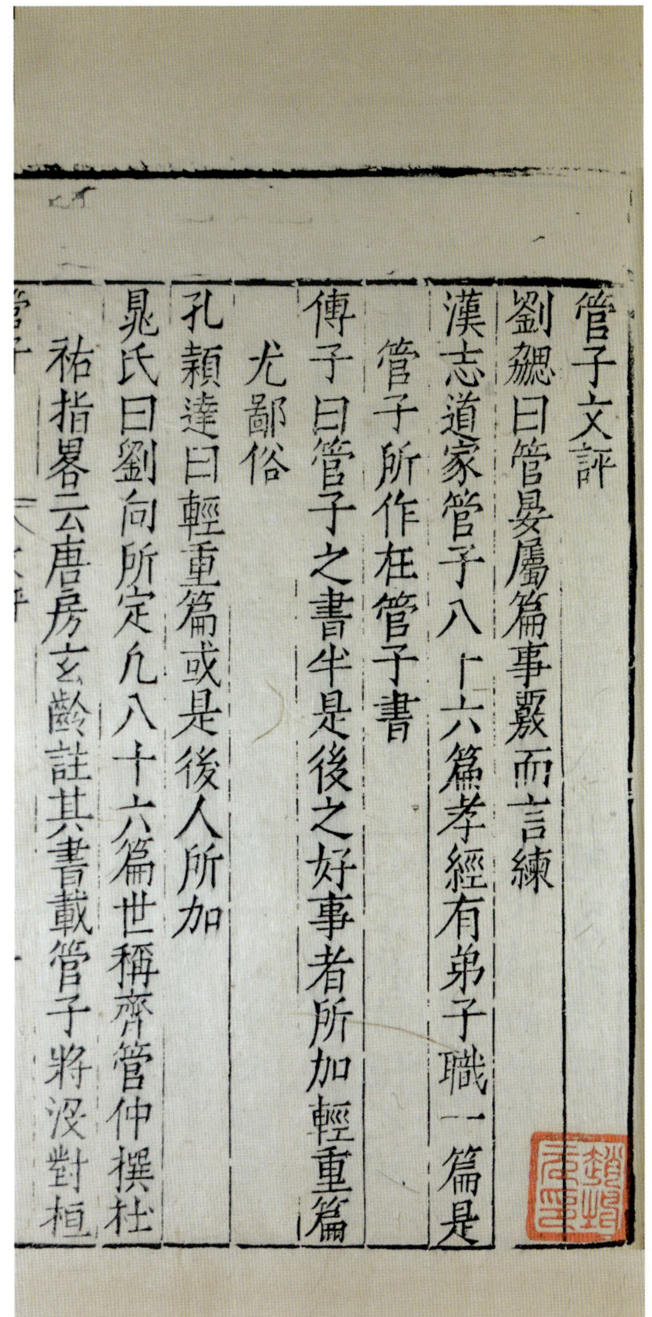

管子文評

劉勰曰管晏屬篇事覈而言練

漢志道家管子八十六篇孝經有弟子職一篇是

管子所作在管子書

傅子曰管子之書半是後之好事者所加輕重篇

尤鄙俗

孔穎達曰輕重篇或是後人所加

晁氏曰劉向所定凡八十六篇世稱齊管仲撰杜

祐指畧云唐房玄齡註其書載管子將沒對桓

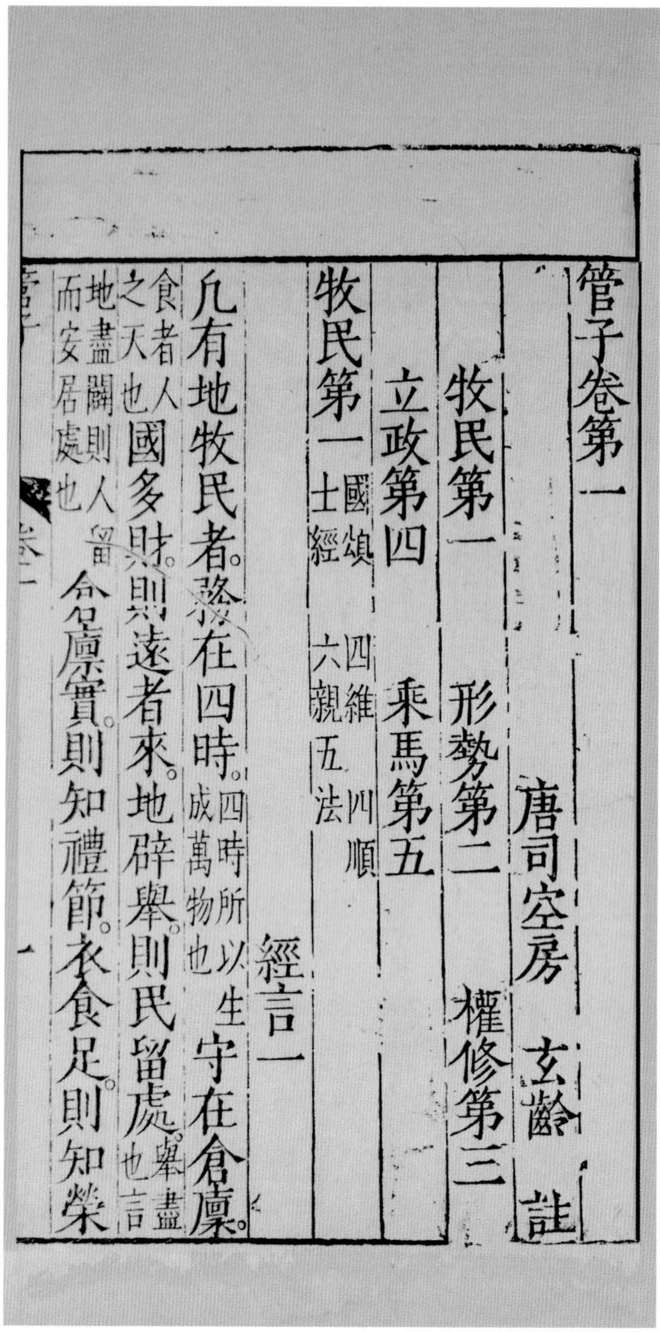

管子卷第一

唐司空房　玄齡　註

牧民第一　形勢第二　權修第三

立政第四　乘馬第五

牧民第一　國頌　四維　四順　士經　六親五法

經言一

凡有地牧民者。務在四時。四時所以生成萬物也守在倉廩。食者人之天也國多財。則遠者來。地辟舉。則民留處。辟舉盡也言地盡闢則人留而安居處也倉廩實。則知禮節。衣食足。則知榮

管子　卷一　一

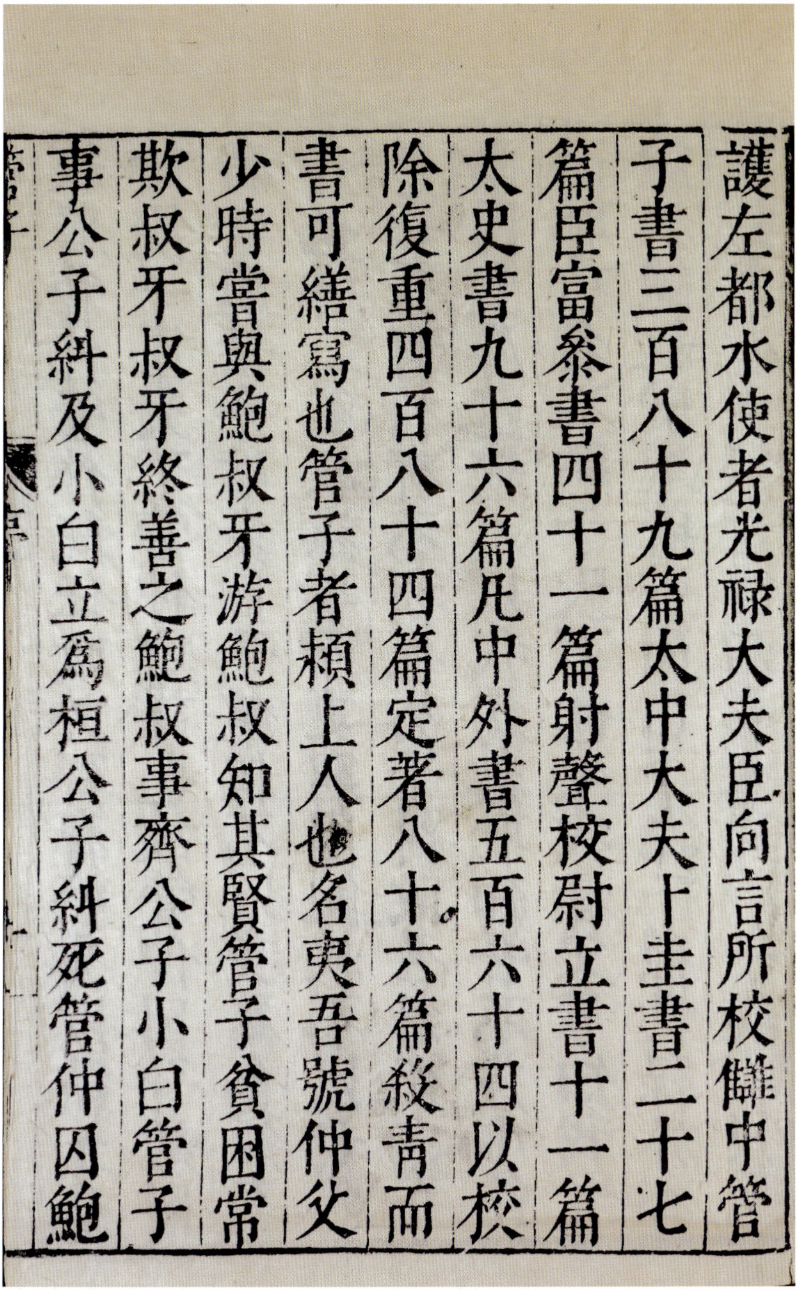

護左都水使者光祿大夫臣向言所校讎中管
子書三百八十九篇太中大夫卜圭書二十七
篇臣富參書四十一篇射聲校尉立書十一篇
太史書九十六篇凡中外書五百六十四以校
除復重四百八十四篇定著八十六篇殺青而
書可繕寫也管子者潁上人也名夷吾號仲父
少時嘗與鮑叔牙游鮑叔知其賢管子貧困常
欺叔牙叔牙終善之鮑叔事齊公子小白管子
事公子糾及小白立爲桓公子糾死管仲囚鮑

管子二十四卷（明）黄之寀校
明黄之寀刻本

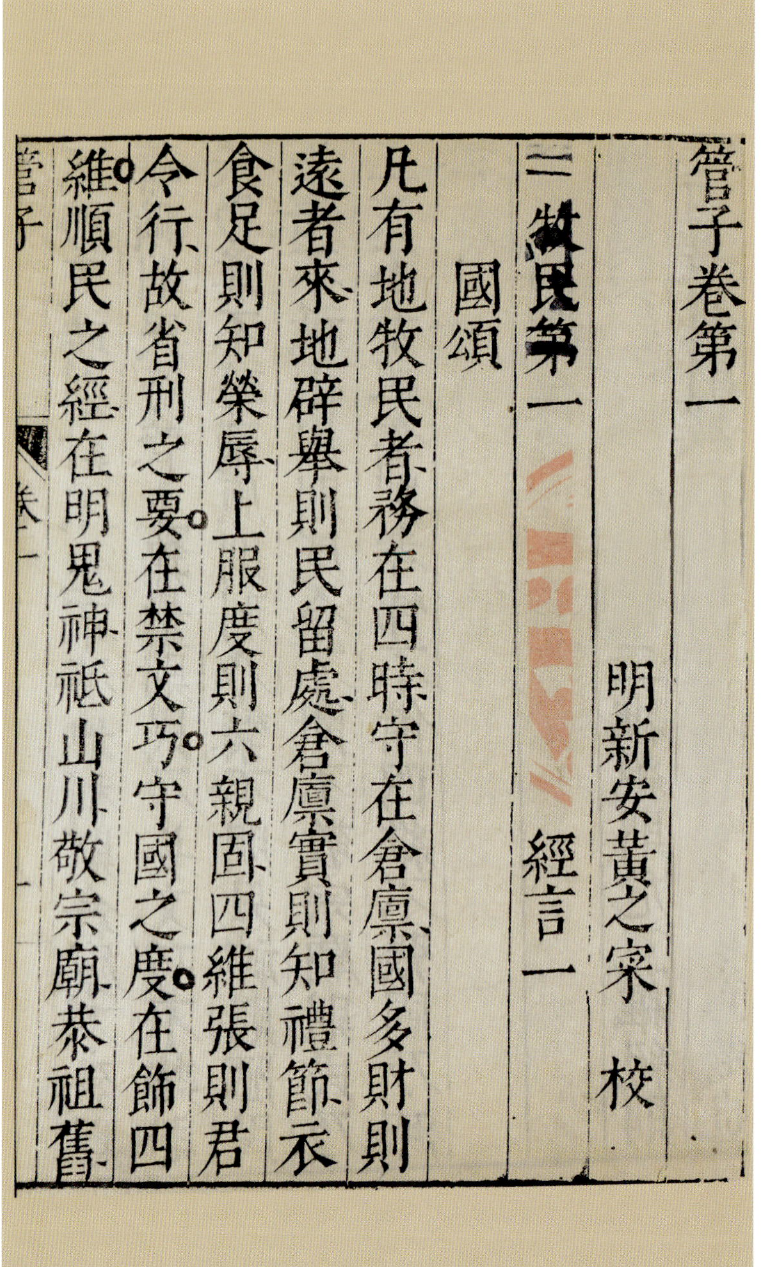
管子卷第一

明新安黄之寀　校

牧民第一　　經言一

國頌

凡有地牧民者，務在四時，守在倉廩。國多財，則遠者來；地辟舉，則民留處；倉廩實，則知禮節；衣食足，則知榮辱；上服度，則六親固；四維張，則君令行。故省刑之要，在禁文巧；守國之度，在飾四維；順民之經，在明鬼神，祇山川，敬宗廟，恭祖舊。

管子　卷一

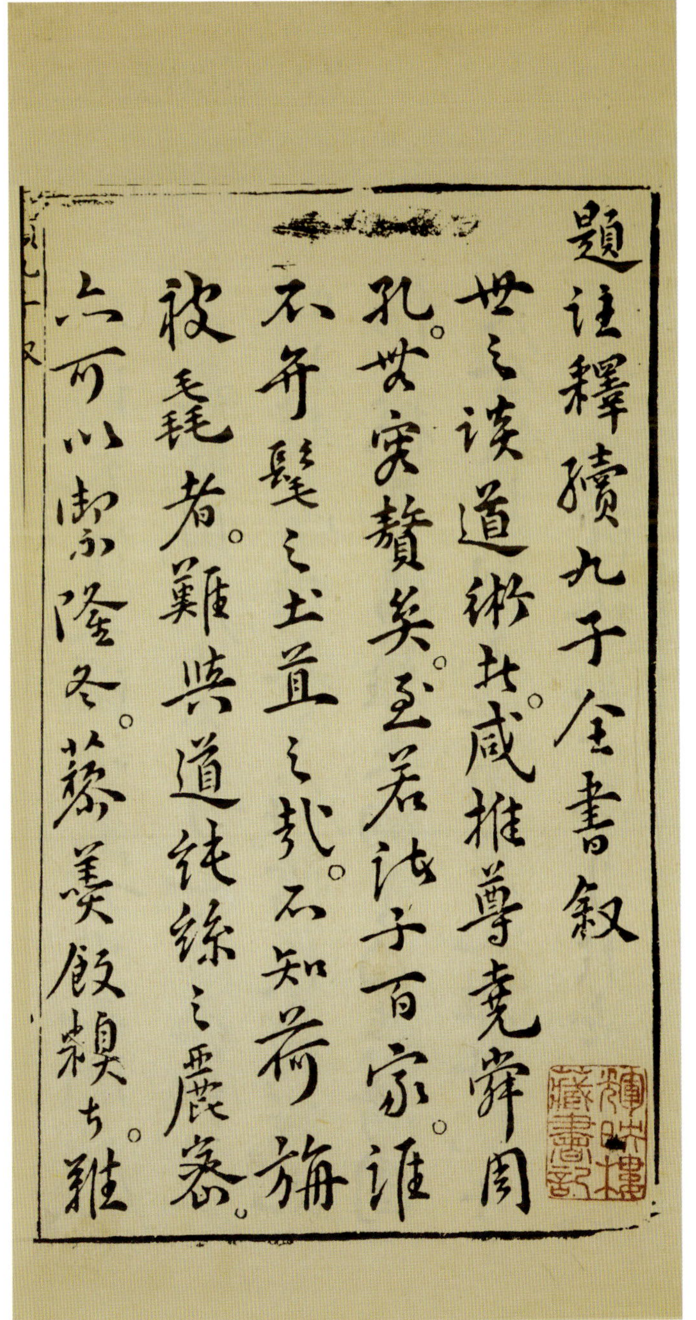

題註釋續九子全書叙

世之談道術者。咸推尊堯舜周孔。世實贊矣。至若諸子百家。誰不弁髦之土苴之哉。不知荷旃被毳者。難與道絺綌之靡麗。亦可以禦隆冬。藜羹飯糗者。雖

注释續九子全書十卷（明）焦竑、翁正春評注
明建邑書林詹霖宇靜觀室刻本
包含：離騷經一卷、鶡冠子一卷、抱朴子二卷、劉子一卷、郁離子一卷、管子一卷、関尹子一卷、譚子一卷、韓詩外傳一卷

新鍥焦狀元彙選註釋續九子全書卷之一

洪興祖曰古人引、騷未有言經者蓋後世之士祖述其詞尊之為經耳非屈原意也

離騷經

凡二千四百二十二字

離騷經者屈原之所作也屈原與楚同姓仕於懷王為三閭大夫三閭之職掌王族三姓曰昭屈景屈原序其譜屬率其賢良以厲國士入則與王圖議政事決定嫌疑出則監察群下應對諸侯謀行職修王甚珍之同列六夫上官靳尚妬害其能共譖毀之王乃疏屈原屈原執履忠貞而被說衺憂心煩亂不知所愬乃作離騷經離別也騷愁也經徑也言己放逐離別中心愁思猶陳直徑以風諫君也故上述唐虞三后之制下序桀紂羿澆之敗冀君覺寤反於正道而還己也是時秦昭王使張儀譎詐懷王令絶齊交又使誘楚請與俱會武關遂脅與俱歸拘留不遣卒客死於秦其子

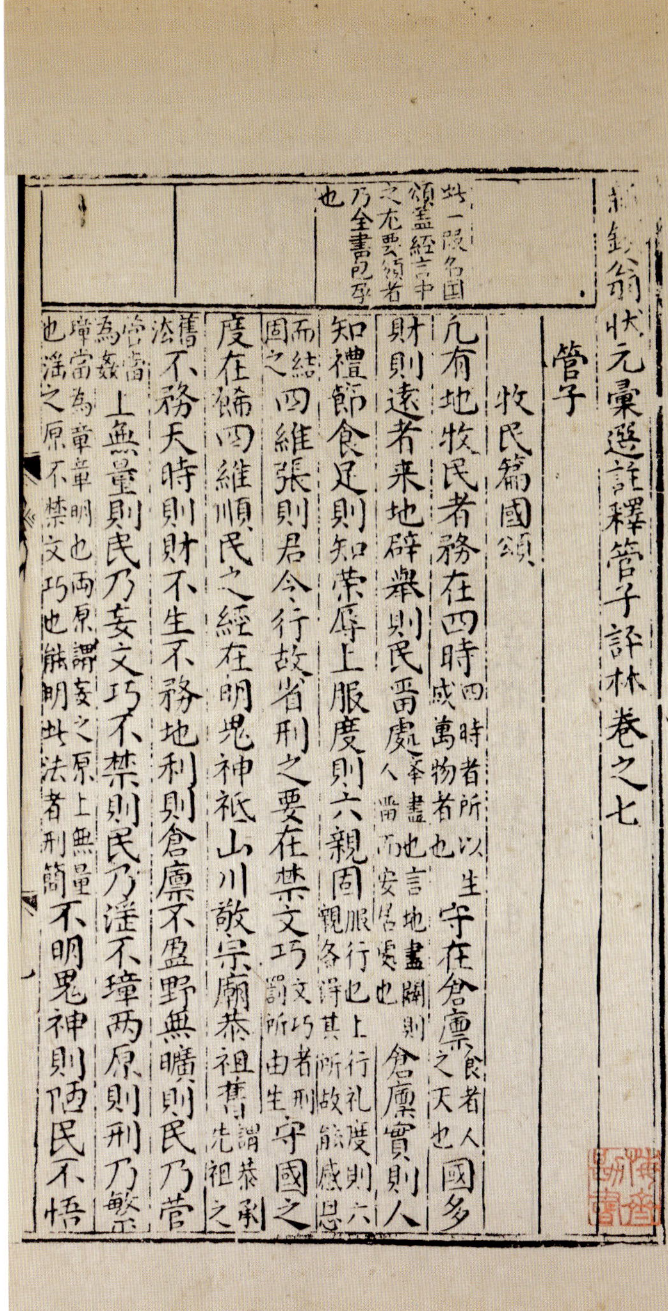

此一段名國頌蓋經言中之尤要領者乃全書己挈也

新鍥翁狀元彙選註釋管子評林卷之七

管子

牧民篇國頌

凡有地牧民者務在四時（四時者所以生成萬物者也）守在倉廩（食者人之天也）國多財則遠者来地辟舉則民留處（舉盡也言地盡闢則人留而安居處也）倉廩實則人知禮節食足則知榮辱上服度則六親固（服行也上行礼度則六親各得其所故能感恩而結固之）四維張則君令行故省刑之要在禁文巧（文巧者刑罰所由生）守國之度在飾四維順民之經在明鬼神祇山川敬宗廟恭祖舊（謂恭承先祖之舊法）不務天時則財不生不務地利則倉廩不盈野無曠則民乃菅（菅當為姦）上無量則民乃妄文巧不禁則民乃淫不璋兩原則刑乃繁（璋當為章章明也兩原謂妄之原上無量也淫之原不禁文巧也能明此法者刑簡）不明鬼神則陋民不悟

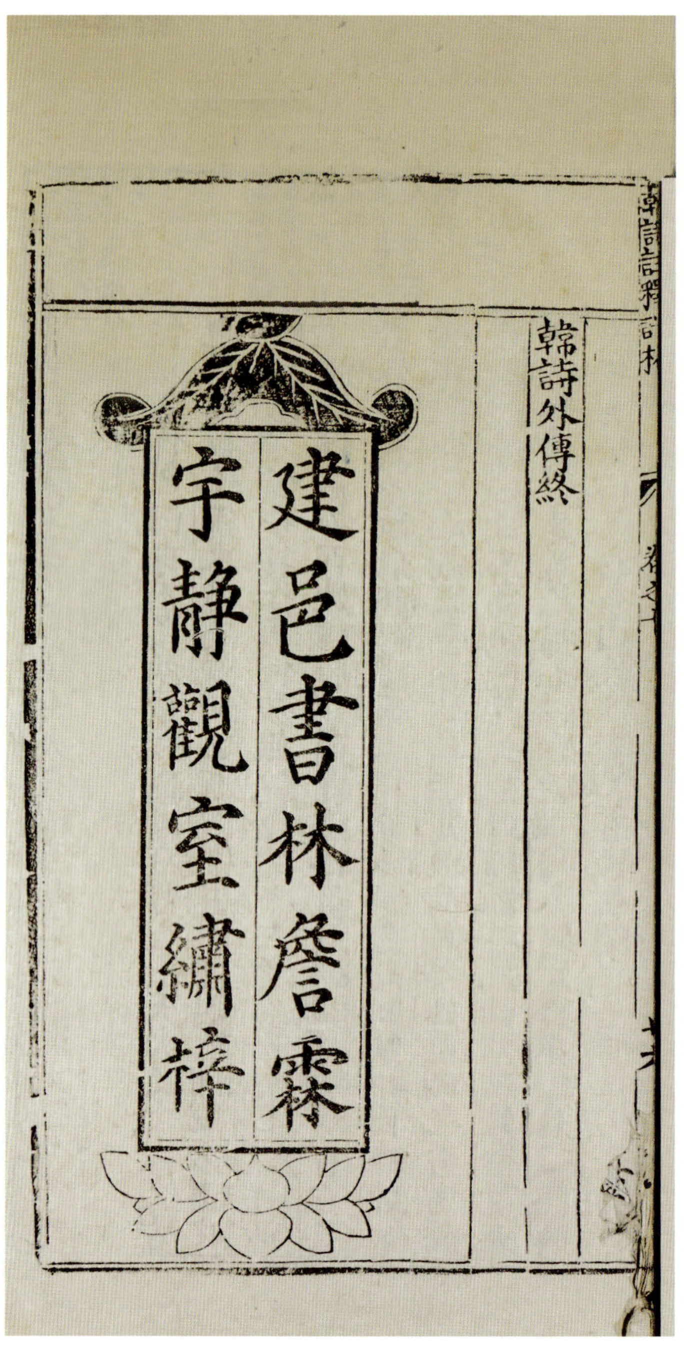

韓詩外傳終
建邑書林詹霖
宇靜觀室繡梓

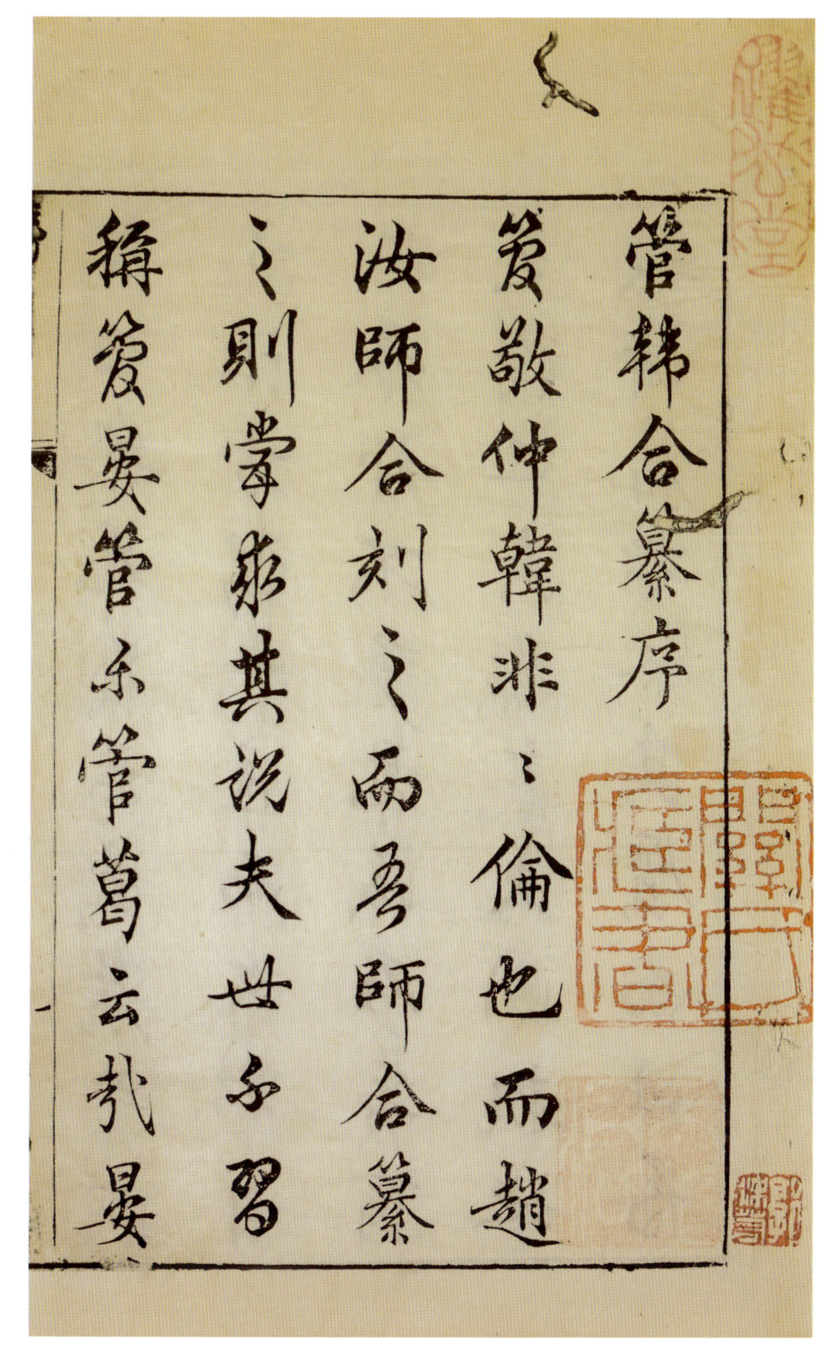
管韓合纂序
夷敬仲韓非之倫也而趙
汝師合刻之而吾師合纂
之則嘗聚其說夫世多習
稱夷晏管亦管葛云我晏

管子纂二卷（明）張榜纂
明刻本

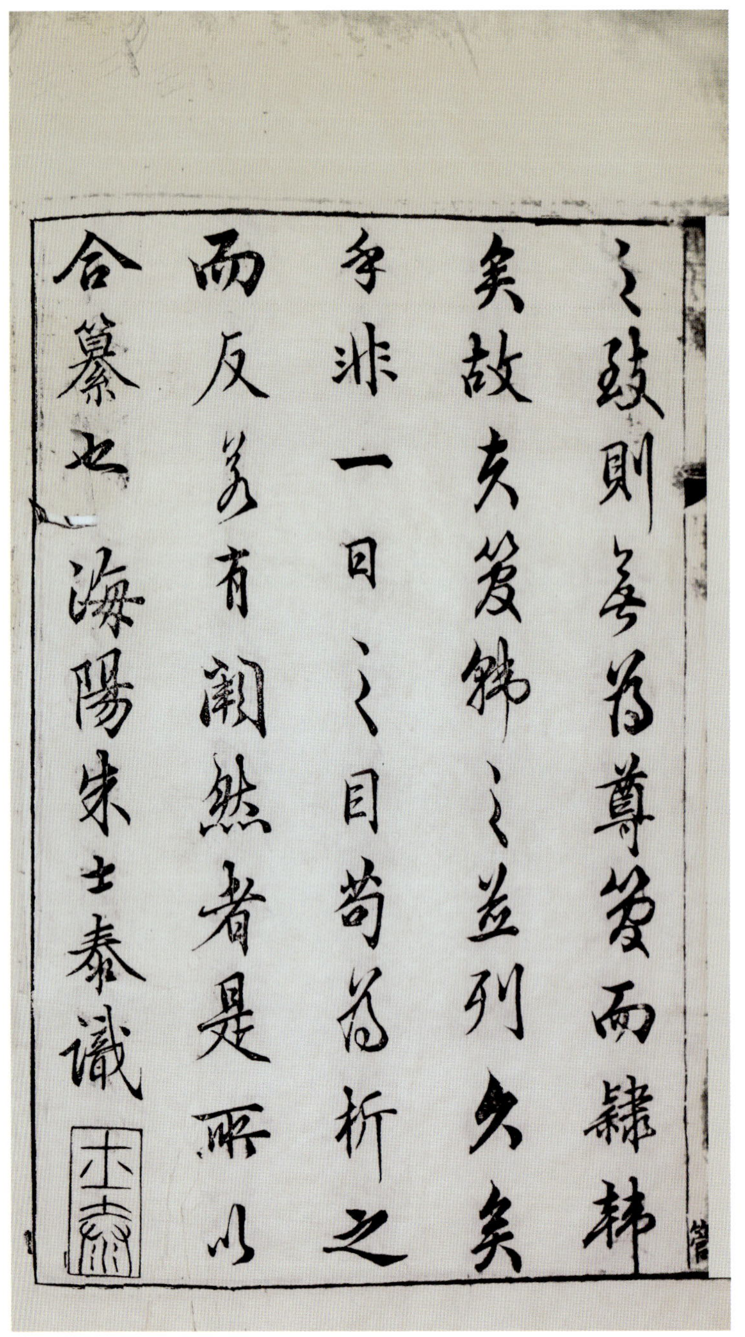

之致則無為尊篆而隸楷矣故夫篆隸之並列久矣乎非一日之目苟為析之而反若有闕然者是所以合纂也

海陽朱士泰識

管子纂目録

卷上

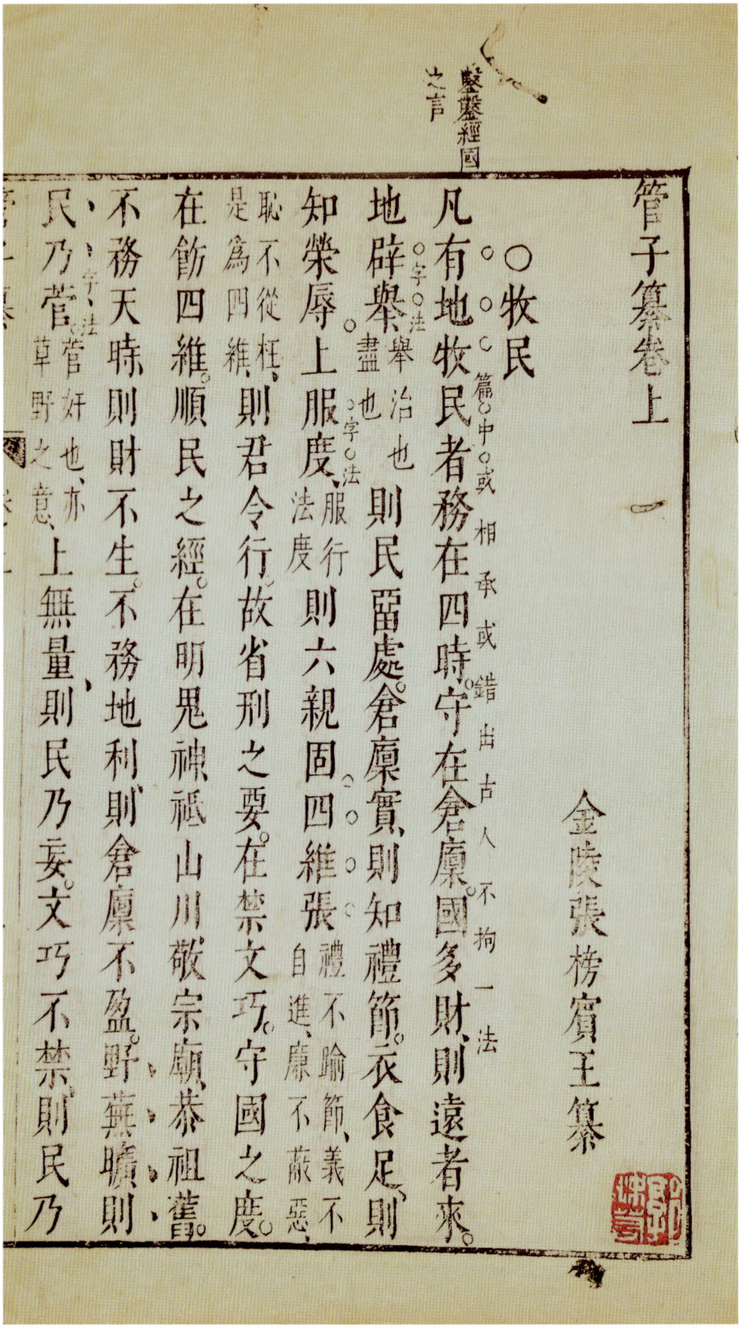

鑿鑿經國之言

管子纂卷上　一

金陵張榜賓王纂

○牧民

凡有地牧民者務在四時守在倉廩國多財則遠者來篇中或相承或錯出古人不拘一法地辟舉字法舉治也則民留處倉廩實則知禮節衣食足則知榮辱盡也上服度字法服行法度則六親固四維張禮不踰節義不自進廉不蔽惡恥不從枉是為四維則君令行故省刑之要在禁文巧守國之度在飭四維順民之經在明鬼神祗山川敬宗廟恭祖舊不務天時則財不生不務地利則倉廩不盈野蕪曠則民乃菅字法菅奸也亦草野之意上無量則民乃妄文巧不禁則民乃

管子義證八卷（清）洪頤煊撰
清嘉慶二十四年（1819）刻本

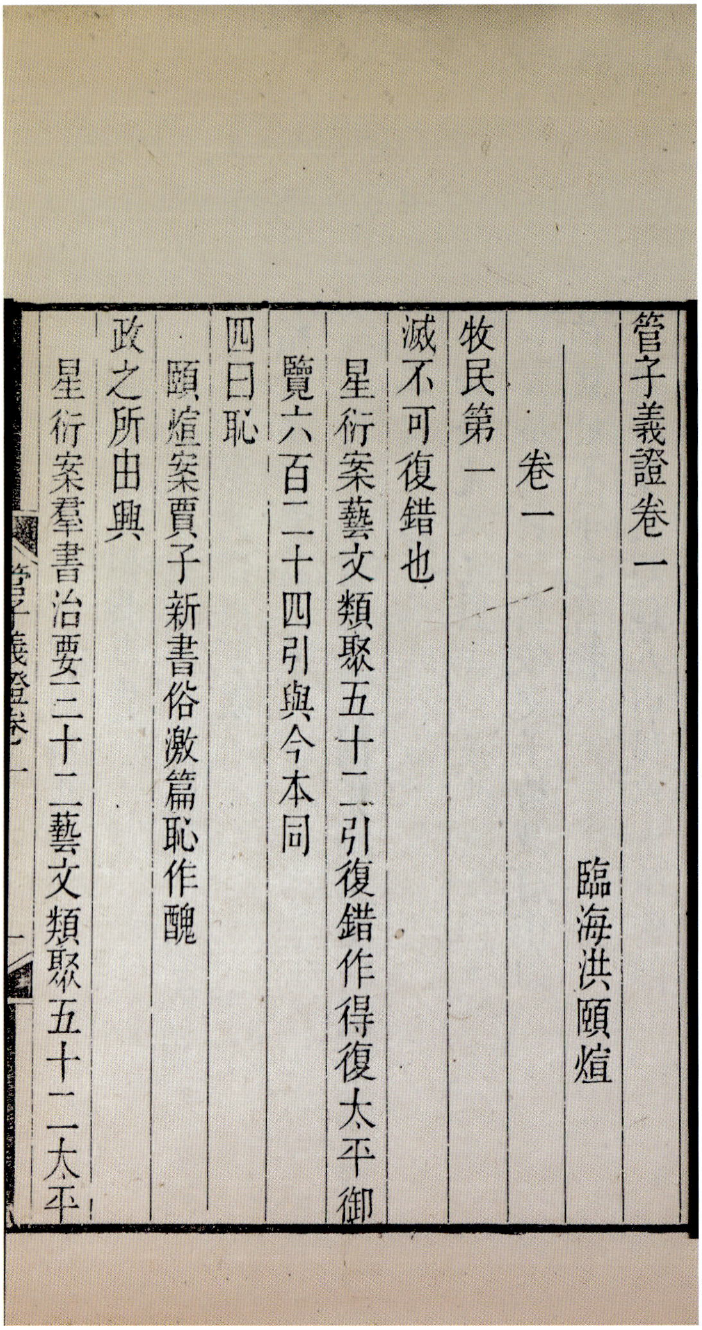

管子義證卷一

臨海洪頤煊

卷一

牧民第一

滅不可復错也

星衍案藝文類聚五十二引復錯作得復太平御覽六百二十四引與今本同

四曰恥

頤煊案賈子新書俗激篇恥作醜

政之所由興

星衍案羣書治要二十二藝文類聚五十二太平

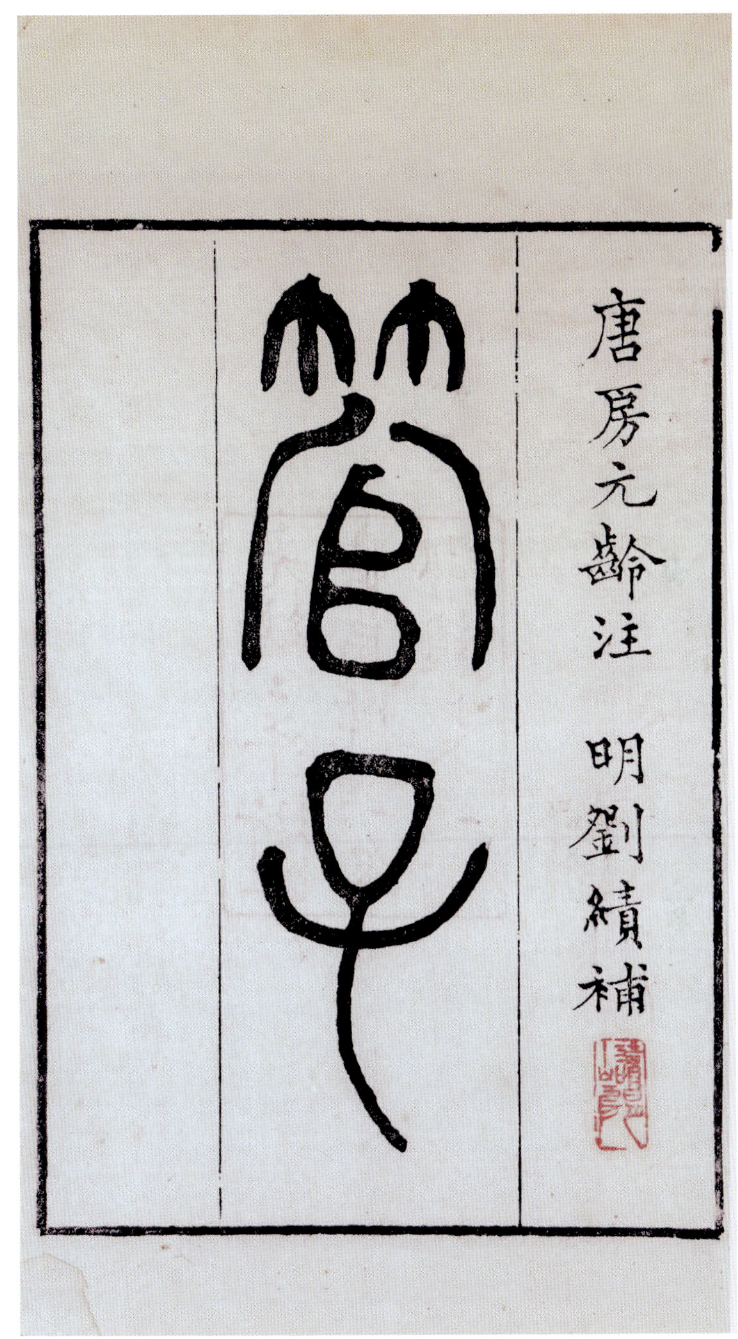

管子二十四卷（唐）房玄齡注
清光緒二年（1876）浙江書局刻本
郭沫若紀念館存十九卷

管子卷第一

明吳郡趙氏本

唐司空房玄齡注

牧民第一　形勢第二　權修第三

立政第四　乘馬第五

牧民第一　國頌　四維　四順　士經　六親五法

經言一

凡有地牧民者務在四時四時所以生成萬物也守在倉廩食者人之天也國多財則遠者來地辟舉則民畱處舉盡也言地盡闢則人畱而安居處也倉廩實則知禮節衣食足則知榮辱上服度則六

管子義證八卷（清）洪頤煊撰（清）徐乃昌校
清光緒十五年（1889）徐乃昌校刻本

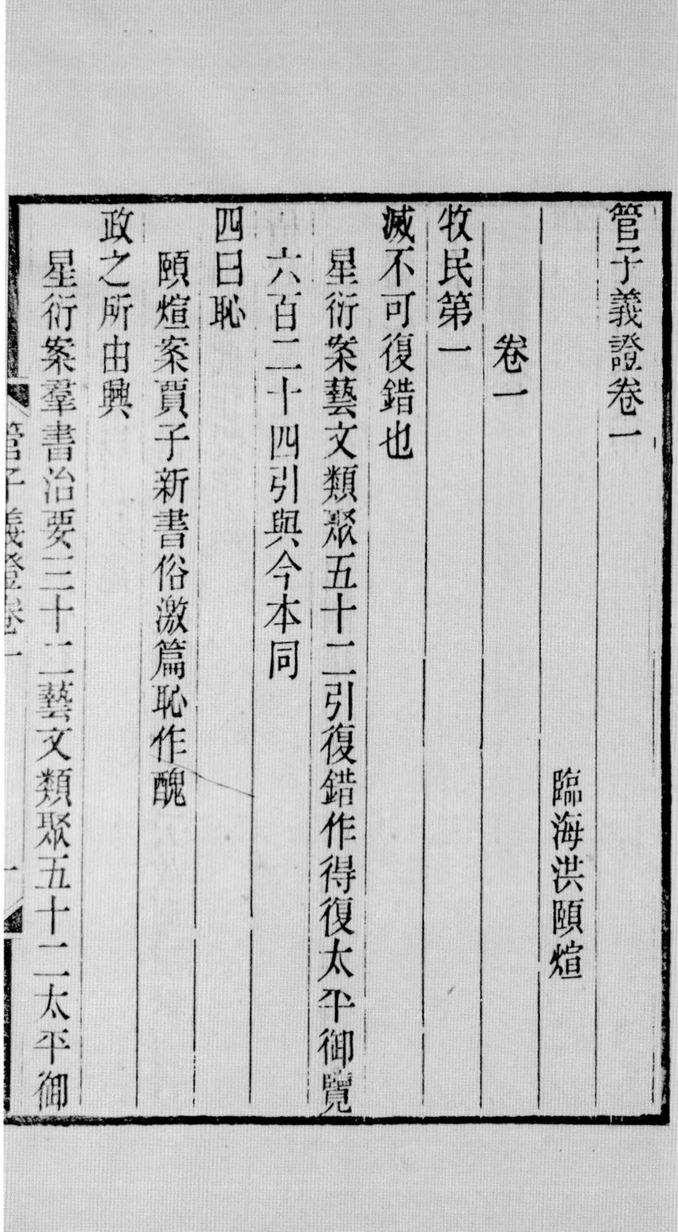
管子義證卷一

卷一

臨海洪頤煊

牧民第一

滅不可復錯也

星衍案藝文類聚五十二引復錯作得復太平御覽六百二十四引與今本同

四曰恥

頤煊案賈子新書俗激篇恥作醜

政之所由興

星衍案羣書治要三十二藝文類聚五十二太平御

管子義證卷一　一

管子地員篇注敘

敍曰紹蘭幼而無學長而無述老而無成入此歳來秊巳七十有五矣平晝閒居瀏覽舊書遺日至管子地員篇見其博大閎溔高者爲山平者爲林隅者爲陬屬者爲麓肥者爲墳沃者爲衍盧者爲丘阜者爲陵流者爲水原者爲泉溝者爲瀆鍾者爲澤水周曰州口卪曰邑樹穀曰田耕治曰疇眾萌曰民最貴曰人丈夫曰士婦人曰女心感物曰聲言合一曰音辨民器曰工述創物曰巧天絲謂之艸喬條謂之木上飛謂之鳥下丞謂之獸有足謂之蟲無足謂之豸水

管子地員篇注〈敘　一　寄虹山館

管子地員篇注四卷（清）王紹蘭著（清）胡熽棻校
清光緒十七年（1891）胡氏寄虹山館刻本

管子地員篇注卷一

蕭山王紹蘭著　　後學胡熽棻校刊

地員第五十八

說文地元气初分輕淸陽爲天重濁陰爲地萬物所陳列也从土也聲員讀伍員之員說文員物數也从貝口聲凡員之屬皆从員䞓物數紛䞓亂也从員云聲員爲物數䞓从員則物數紛䞓謂之䞓卽物數紛䞓謂之員員从貝者貝下云海介蟲也古者貨貝而寶龜周而有泉至秦廢貝行錢取寶藏貨財爲義

管子地員篇注　卷一　一　[illegible]

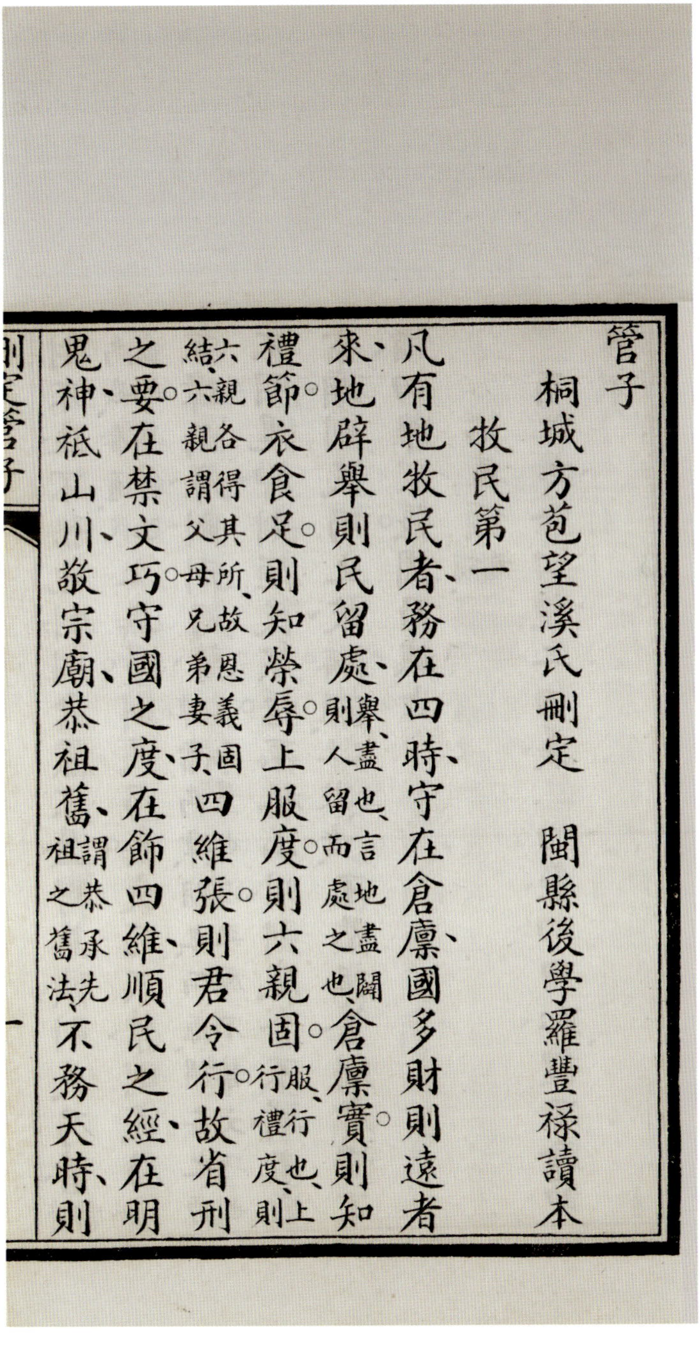

管子

桐城方苞望溪氏刪定　閩縣後學羅豐禄讀本

牧民第一

凡有地牧民者、務在四時、守在倉廩、國多財則遠者來、地辟舉則民留處、（舉、盡也、言地盡闢則人留而處之也、）倉廩實則知禮節。衣食足則知榮辱。上服度則六親固。（服、行也、上行禮度、則六親各得其所、故恩義固結、六親謂父母兄弟妻子、）四維張則君令行。故省刑之要在禁文巧。守國之度在飾四維、順民之經在明鬼神、祇山川、敬宗廟、恭祖舊、（謂恭承先祖之舊法、）不務天時則

刪定管子不分卷（清）方苞刪定（清）羅豐禄讀本
清末民國印本

詭隨邪枉、無羞之人、

右四維

政之所興、在順民心、政之所廢、在逆民心、民惡憂勞、我佚樂之、民惡貧賤、我富貴之、民惡危墜、我安存之、民惡滅絕、我生育之、能佚樂之。則民為之憂勞、能富貴之。則民為之貧賤。能安存之。則民為之危墜。能生育之。則民為之滅絕。故刑罰不足以畏其意、殺戮不足以服其心、從其四欲、則遠者自親、行其四惡、則近者叛之、故知予之為取者、政之寶也、

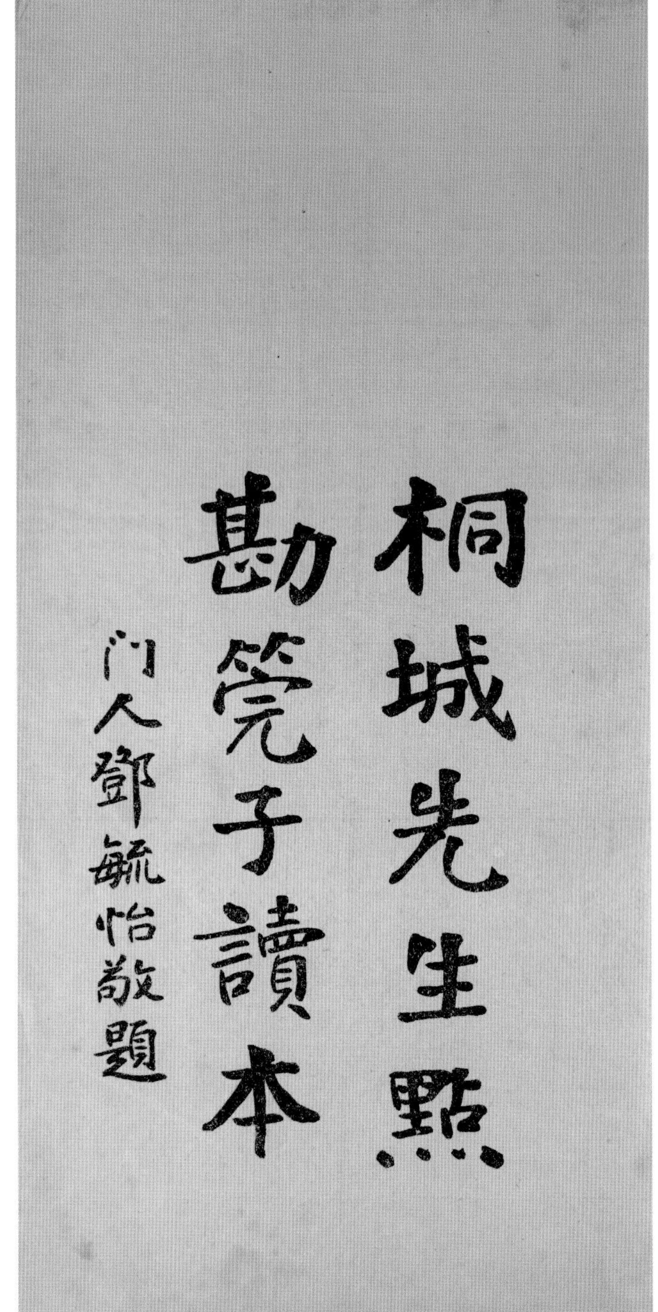

桐城先生點勘管子讀本二十四卷（唐）房玄齡注（清）吳汝綸點勘
清末民國印本

方云菅者民飢而草食也
丁云說文土部璋擁也

管子卷一　唐司空房玄齡注

經言一

牧民第一 國頌　四維　四順　士經　六親　五法

凡有地牧民者・務在四時・注四時所以生成萬物也守在倉廩・注食者人之天也國多財・則遠者來・地辟舉・則民留處・注舉盡也言地盡闢則人留而安居處也倉廩實・則知禮節・衣食足・則知榮辱・上服度・則六親固・注服行也上行禮度則六親各得其所故能感恩而結固之四維張・則君令行・故省刑之要・在禁文巧・注文巧者刑罰所由生守國之度・在飾四維・順民之經・在明鬼神・祇山川・注鬼神山川皆有尊卑之序故敬明之敬宗廟・恭祖舊・注謂恭承先祖之舊法不務天時・則財不生・不務地利・則倉廩不盈・野蕪曠・則民乃菅・注菅當爲姦上無量・則民乃妄・文巧不禁・則民乃淫・不璋兩原・則刑乃繁・注璋當爲章章明也兩原謂妄之原上無量也

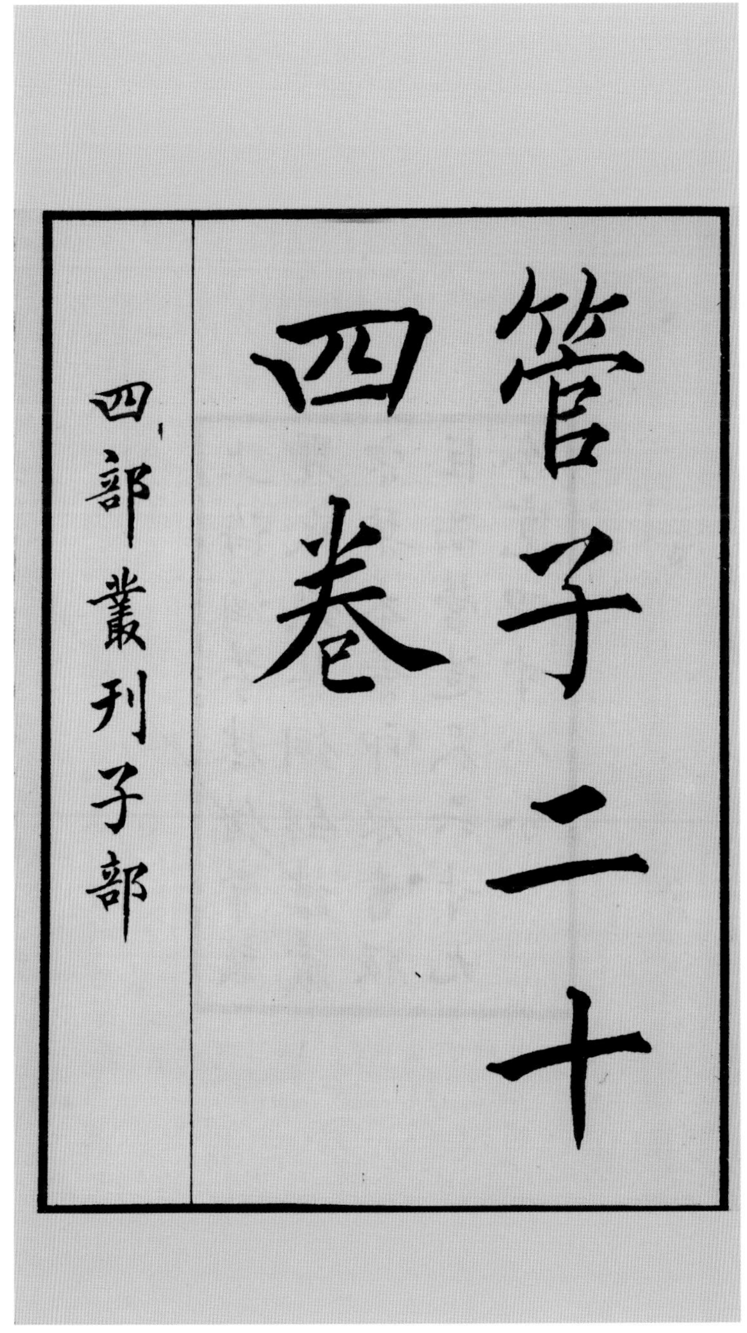

管子二十四卷

四部叢刊子部

管子二十四卷（唐）房玄齡注
民國上海涵芬樓影印宋刊本

管子序

楊　忱　撰

序曰春秋尊王不尊霸與中國不與夷狄始于平王避夷難也是王室遷而微也見于周書文侯之命微王也是王者失賞也費誓善其備夷是諸侯之正也秦誓尊征伐是諸侯之失禮也書春秋合體而異世也書以文侯之命終其治也春秋以平王東遷始其微也自東遷六十五年春秋無晉以其亡護亂也及其滅中國之國而後見其行事譏失賞也周之微也幸不夷其宗稷齊桓之功也其中國無與加其盛也其夷狄無與抗其力也見于衛詩美其存中國也春秋無與辭何異也存一國之風無其人則衛夷矣全王道之正與之霸是諸侯可專征伐也夫晉之為霸也異齊遠矣桓正文譎夫桓

讀諸子札記

鹽城　陶鴻慶　著

管子一　浙江書局校刻明吳郡趙氏本

牧民篇、毋曰不同國、遠者不從、

愚案上文生聽爲韻、鄉行爲韻、此二句不當無韻、此及上文國字、皆當作邦、蓋劉向校上時、避漢諱而改之、

形勢篇、召遠者使無爲焉、

愚案尹注云遠使無爲、所以優遠方也、此說大誤、使讀如論語使乎使乎之使、言召遠者無待於使也、召遠者使無爲焉、與下句親近者言無事焉、文義相配、後解云、欲民來者、先起其利、雖不召而民自至、設其所惡、雖召之而民不來也、是其證、董子精華篇云、故曰親近者不以言、召遠者不以使、文即本此、

形勢篇、曙戒勿怠、後穉逢殃、

讀諸子札記　管子　一　文字同盟社

讀諸子札記之管子　陶鴻慶著
民國文字同盟社印本

愚案金粟二字當互易、粟本賤於金、今以在上本務禁末、故粟與金爭貴也、與上文野與市爭、民家與府爭貨、下文鄉與朝爭治、文義一律、尹注云、所賓惟穀、故金與粟爭貴、金粟二字亦當互易、

權修篇、人情不二、故民情可得而御也、

愚案下情字、不當有、涉上人情而誤衍也、下文云、凡牧民者、欲民之可御也、欲民之可御則法不可不審、是其證、

權修篇、有身不治、奚待於人、有人不治、奚待於家、有家不治、奚待於鄉、有鄉不治、奚待於國、有國不治、奚待於天下、天下者國之本也、國者鄉之本也、鄉者家之本也、家者人之本也、人者身之本也、身者治之本也、

愚案自有身不治以下十句、皆言遠之本在近、即孟子所謂天下之本在國、國之本在家、家之本在身也、天下者國之本也至人者身之本也五句、義殊難通、疑是誤文、或衍文耳、此當以身者治之本也一句、爲結上起下之辭、此句治字包上文人家鄉

西廂記凡例十則

一北西廂相沿以爲王實甫撰太和正音譜于
王實甫名下首載之王元美卮言則云西廂
久傳爲關漢卿撰邇來乃有以爲王實甫者
謂至郵亭夢而止又云至碧雲天而止此後
乃漢卿所補也徐士範重刻西廂則云人皆
以爲關漢卿而不知有實甫蓋自草橋夢以
前作於實甫而其後則漢卿續成之者也俱

西廂記凡例

西廂記五本（元）王實甫、關漢卿撰
會真記一卷（唐）元稹撰
明刻本

院本雖止四折其間情多用白而不可不唱者以一二小令為之非賞花時即端正好如楔榫之以木楔其隙繫也今人不知其解妄去之而合之于第一折殊謬王伯良謂猶南之引曲亦未是

劇體止末旦外淨四脚色故老夫人以外扮今人妄以南北律之易以老旦者誤詳凡例中

西廂記第一本

元　王實甫　填詞

張君瑞鬧道場雜劇

楔子

外扮老夫人上開老身姓鄭夫主姓崔官拜前朝相國不幸因病告殂秪生得箇小姐小字鶯鶯年一十九歲針黹女工詩詞書筭無不能者老相公在日曾許下老身之姪乃鄭尚書之長

西廂記　一　　一

西廂記第五本

張君瑞慶團圞雜劇

元　關漢卿　撰詞

楔子

（末引僕人上開云）自暮秋與小姐相别倏經半載之際托賴祖宗之蔭一舉及第得了頭名狀元如今在客館聽候聖旨御筆除授惟恐小姐掛念且修一封書令琴童家去達知夫人便知

西廂記五　一

會眞記

唐　元稹微之　譔

唐貞元中有張生者性溫茂美丰容內秉堅孤非禮不可入或朋從遊宴擾雜其間他人或洶洶拳拳若將不及張生容順而巳終不能亂以是年二十二未甞近女色知者詰之謝而言曰登徒子非好色者是有淫行耳余眞好色者而適不我值何以言之大凡物之尤者未甞不留

會眞記　一

西廂記

附
元人圍棋闖局　即空觀主五本解證
閔遇五五劇箋疑　會真記詩歌賦說跋
趙德麟商調蝶戀花詞　李日華南西廂記
陸天池南西廂記　園林午夢
暖紅主人春姍隸檢

西廂記五卷（元）王實甫等撰
清宣統二年（1910）暖紅室刻本

西廂記第一本　　　　　　　　　彙刻傳奇第二種

卽空觀主人鑒定本　　　　　夢鳳樓　暖紅室　刊校

張君瑞鬧道場雜劇

楔子

外扮老夫人上開　老身姓鄭。夫主姓崔。官拜前朝相國。不幸因病告殂。祇生得箇小姐。小字鶯鶯。年一十九歲。鍼黹（音指）女工。詩詞書算。無不能者。老相公在日。曾許下老身之姪。乃鄭尚書之長子鄭恒爲妻。因俺孩

院本體止四折其有情多用白而不可不唱者以一二小令爲之非賞花時卽端正好如槷臬之以木楔

西廂記　卷一　王實甫王本　一　暖紅室

貫華堂第六才子書卷之一

聖歎外書

序一曰慟哭古人

或問於聖歎曰西廂記何爲而批之刻之也聖歎悄然動容起立而對曰嗟乎我亦不知其然然而於我心則誠不能以自已也今夫浩蕩大劫自初迄今我則不知其有幾萬萬年月也幾萬萬年月皆如水逝雲卷風馳電掣無不盡去而至於今年今月而暫有我此暫有之我又未嘗不水逝雲卷風馳電掣而疾去也然而幸而猶尚暫有於此幸而猶尚暫有於此

貫華堂第六才子書八卷六才西廂文不分卷（元）王實甫撰（清）金聖歎點評

清刻本

驚艷　怎當他臨去秋波那一轉

借廂　穿一套縞素衣裳

酬韻　隔墻兒酬和到天明

鬧齋　我是個多愁多病身怎當你傾國傾城貌

寺警　繫春情短柳絲長隔花人遠天涯近

筆尖兒橫掃五千人

請宴　我從來心硬一見了也留情

賴婚　他誰道月底西廂變做夢裡南柯

琴心　他做了個影兒裡情郎我做了個画兒裡愛寵

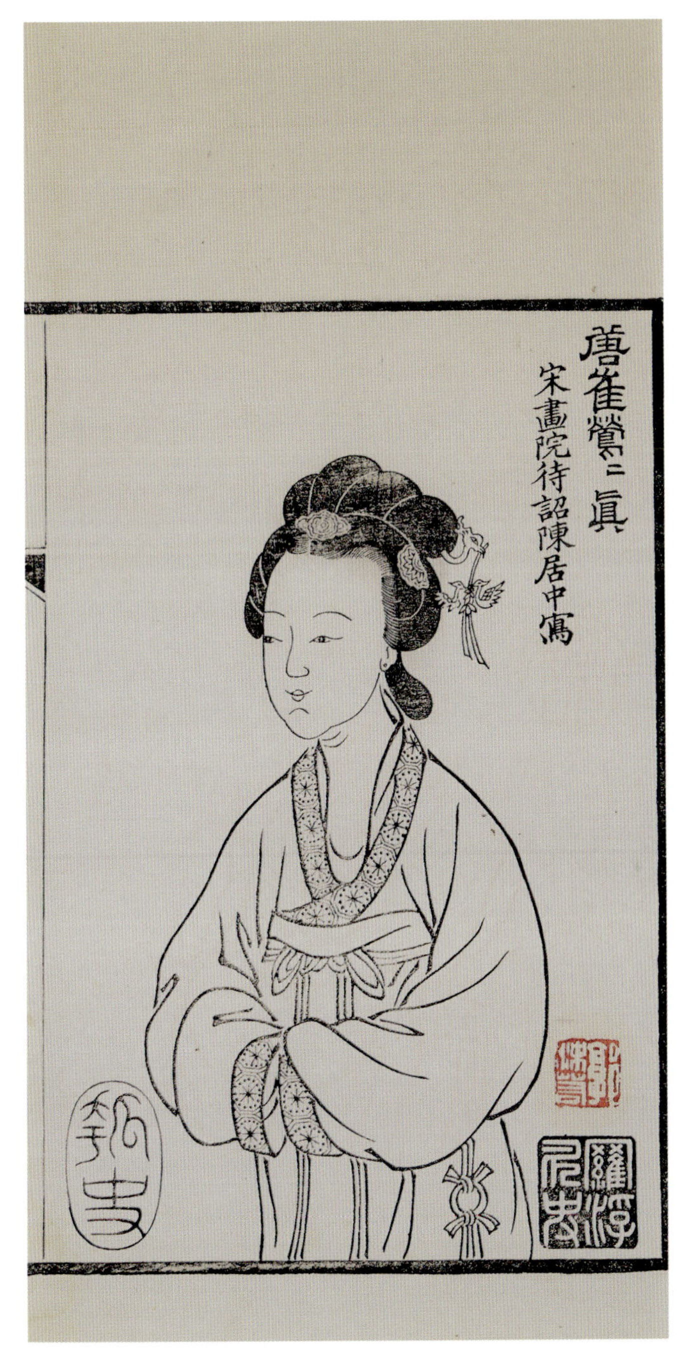

董解元西廂四卷（金）董解元撰
清末民國暖紅室刻本

瞑子調侃暗地也

董解元西廂卷二

傳奇彙刻第一種

顧渚山樵點定

夢鳳樓
暖紅室
刊校

商調定風波　燒罷功德疏、百媚地鶯鶯不勝悲哭、似梨花帶春雨、老夫人哀聲不住、那君瑞醮臺兒旁立、地不定瞑子裏歸去　法本衆僧徒、別了鶯鶯夫人、子母佛堂裏自監覷、覷著收拾鋪陳來的什物見箇、小僧入得角門來、大踏步走得來荒速。

尾　口茄目瞪面如土、諕殺那諸僧和寺主、氣喘不迭、

董西廂　卷二　一　暖紅室

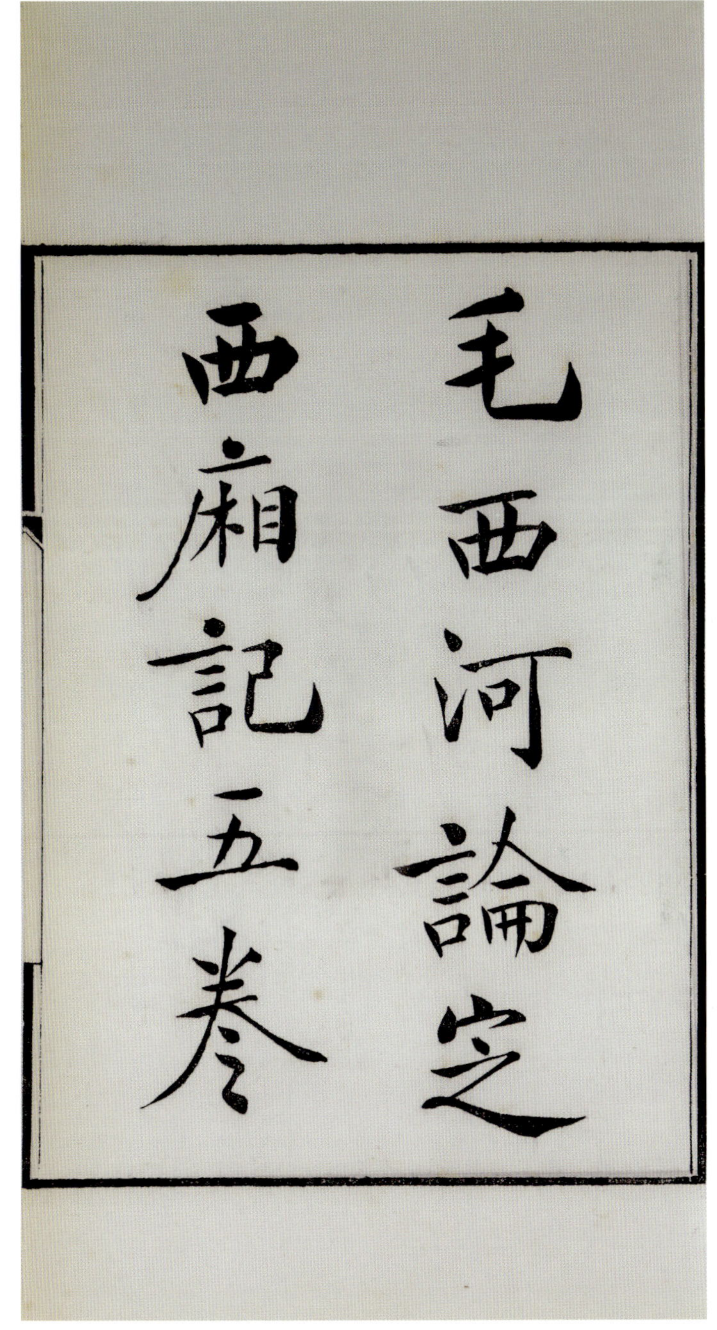

毛西河論定西廂記五卷（元）王實甫撰（清）毛奇齡論定
清末民國誦芬室重校印本

西廂記卷之一

西河毛甡字大可論定并參釋

西廂記三字目標也元曲末必有正名題目四句而標取末句如雜劇有城南柳因題目末句曰呂洞賓三度城南柳也此名西廂記因題目末句曰崔鶯鶯待月西廂記也推此則明曲之譌如徐天池漁陽三弄而題目末句曰曹丞相神仙八洞者不知凡幾矣特目列卷末今誤列卷首如南曲闘演例非是

原本不列作者姓氏今妄列若著若續皆非也說見左

或稱西廂爲王實甫作此本涵虛子太和正音譜也涵虛子爲明寧王臞仙其譜又本之元時大梁鍾嗣成錄鬼簿故王元美巵言亦云西廂久傳爲關漢卿

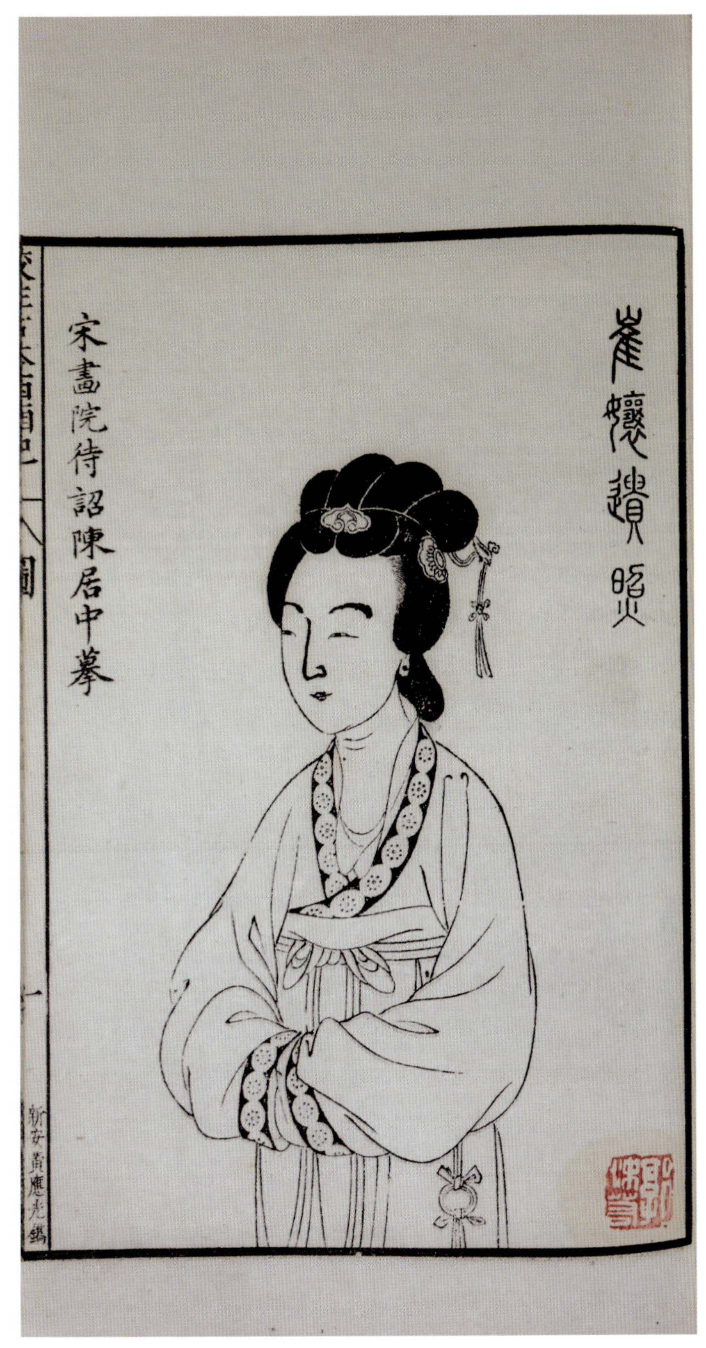

繪圖新校注古本西廂記六卷（元）王實甫撰（明）方諸生校注（明）徐渭附解（明）詞隱生評
民國十九年（1930）北平富晉書社影印本

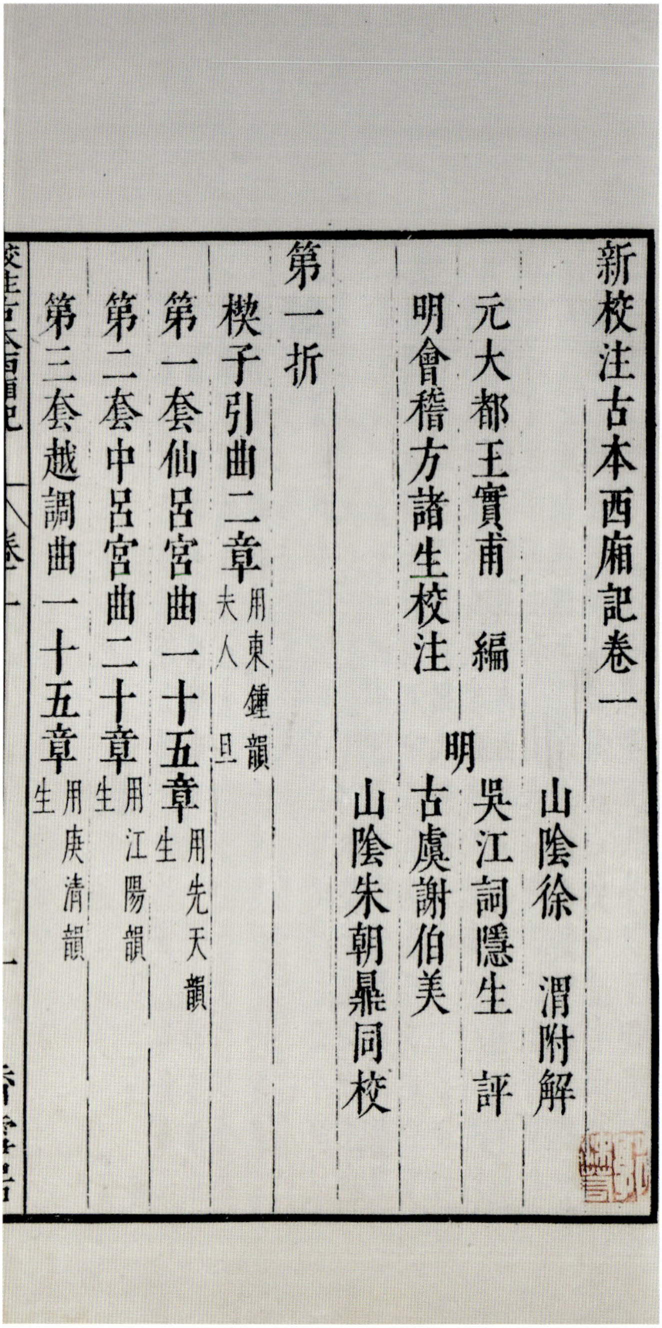

新校注古本西廂記卷一

山陰徐　渭附解

元大都王實甫　編

吳江詞隱生　評

明會稽方諸生校注

明古虞謝伯美

山陰朱朝鼎同校

第一折

楔子引曲二章用東鍾韻夫人旦

第一套仙呂宮曲一十五章用先天韻生

第二套中呂宮曲二十章用江陽韻生

第三套越調曲一十五章用庚清韻生

仇文書畫合璧西廂記
民國上海文明書局印本

李太白文集輯注三十卷附錄六卷（唐）李白撰（清）王琦輯注
清乾隆二十四年（1759）聚錦堂刻本

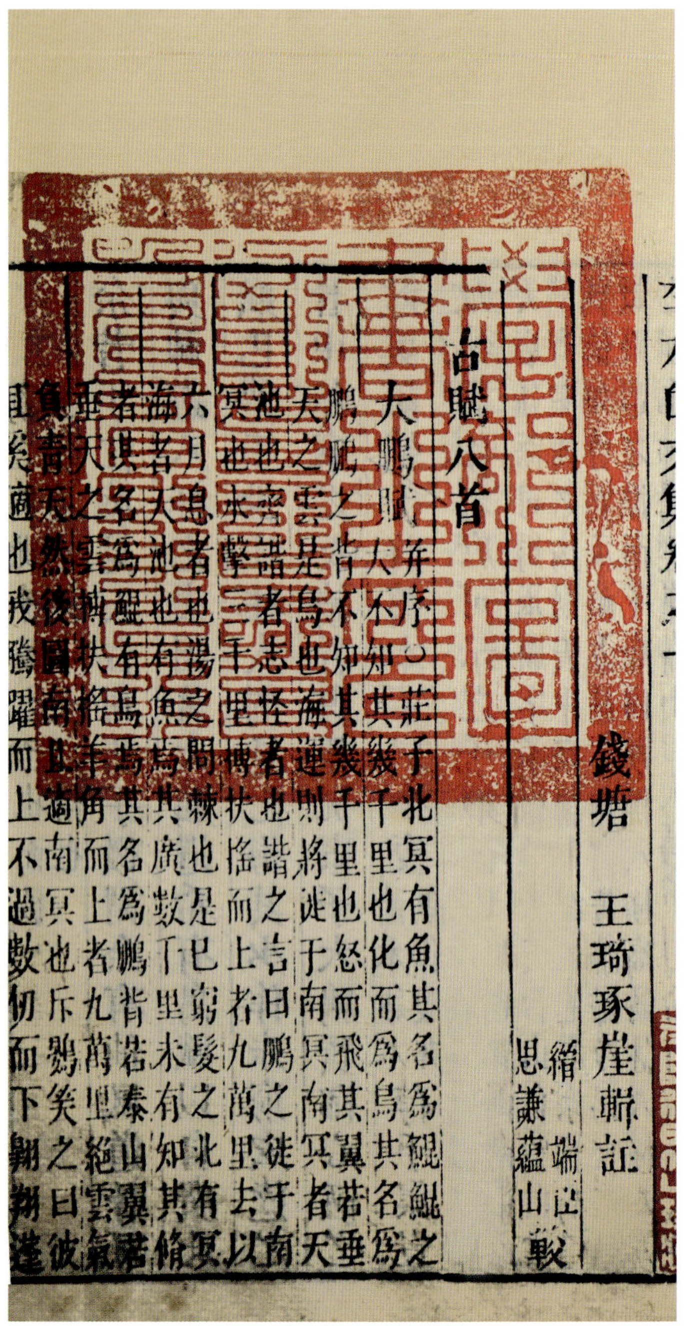

李太白文集卷之一

錢塘　王琦琢崖輯註

緒端臣　思謙蘊山　較

古賦八首

大鵬賦并序○莊子北冥有魚其名爲鯤鯤之大不知其幾千里也化而爲鳥其名爲鵬鵬之背不知其幾千里也怒而飛其翼若垂天之雲是鳥也海運則將徙于南冥南冥者天池也齊諧者志怪者也諧之言曰鵬之徙于南冥也水擊三千里搏扶搖而上者九萬里去以六月息者也湯之問棘也是已窮髮之北有冥海者天池也有魚焉其廣數千里未有知其脩者其名爲鯤有鳥焉其名爲鵬背若泰山翼若垂天之雲搏扶搖羊角而上者九萬里絕雲氣負青天然後圖南且適南冥也斥鴳笑之曰彼且奚適也我騰躍而上不過數仞而下翱翔蓬

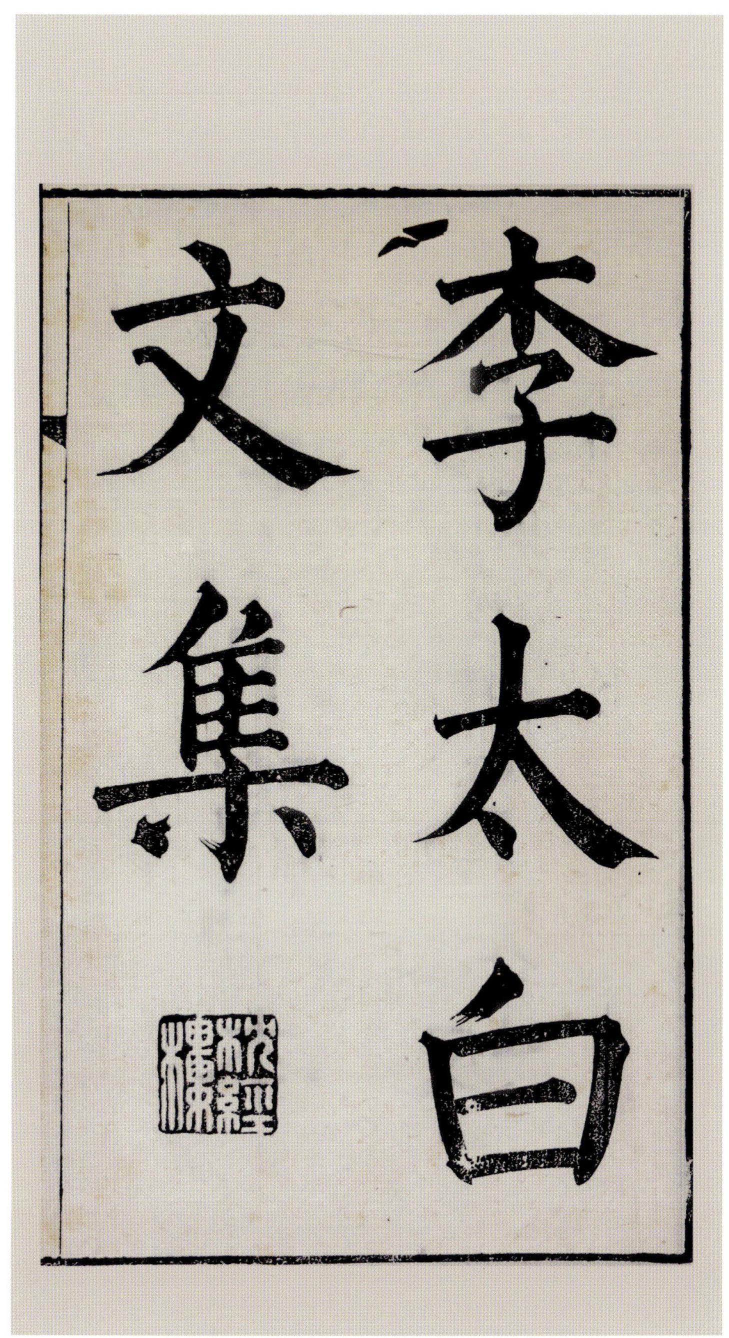

李太白文集三十卷（唐）李白撰
清木瀆周氏覆刻繆曰芑雙泉草堂本

李太白文集卷第三

歌詩三十一首

樂府一

遠別離

遠別離古有黄英之二女乃在洞庭之南瀟湘之浦
海水直下萬里深誰人不言此離苦日慘慘兮雲冥
冥猩猩啼煙兮鬼嘯雨我縱言之將何補皇穹竊恐
不照余之忠誠雷憑憑兮欲吼怒堯舜當之亦禪禹
君失臣兮龍爲魚權歸臣兮鼠變虎或云堯幽囚舜
野死九疑聯綿皆相似重瞳孤墳竟何是帝子泣兮
緑雲間隨風波兮去無還慟哭兮遠望見蒼梧之深

李太白集三十卷（唐）李白撰
清末民國上海江左書林影印本

李太白文集卷第四

歌詩四十首

樂府二

獨漉篇

獨漉水中泥，水濁不見月。不見月尚可，水深行人没。越鳥從南來，胡鷹亦北度。我欲彎弓向天射，惜其中道失歸路。落葉別樹，飄零隨風。客無所託，悲與此同。羅帷舒卷，似有人開。明月直入，無心可猜。雄劒挂壁，時時龍鳴。不斷犀象，繡澁苔生。國恥未雪，何由成名。神鷹夢澤，不顧鴟鳶。爲君一擊，摶鵬九天。

登高丘而望遠海

登高丘，望遠海。六鼇骨已霜，三山流安在。扶桑半摧折，白日沉光彩。銀臺金闕如夢中，秦皇漢武空相待。精衛費木石，黿鼉無所憑。君不見驪山茂陵盡灰滅，牧羊之子來攀登。盜賊